その「ひとこと」が言いたかった！

小学校の先生のための
Classroom English

英会話コーチ 山田暢彦

ごあいさつ

　この度は『その「ひとこと」が言いたかった！ 小学校の先生のための Classroom English』をお求めいただき、誠にありがとうございます。英会話コーチの山田暢彦（Yamada Nobuhiko）です。

　本書は、「これから小学校で英語の授業を始める」または「すでに実践しているけど、もっと教室英語（Classroom English）のバリエーションを増やしたい」という先生方向けに書いたフレーズ本です。基本のあいさつや指示出しから、児童のやる気をアップさせるほめ言葉、教室でのやりとりを活発にする質問、さらには ALT との会話など、**70 の"キラーフレーズ"**を厳選して解説しています。忙しい先生でも**パッと読めてすぐに授業で生かせる**、そんな実用的な本を目指して書きました。

　執筆に当たって私が特にこだわったのは、**「どんな会話の流れの中でフレーズを使えば良いのか？」「表現のニュアンスや使い分けは？」「発音の注意点は？」**といった**実践的な運用ポイント**を丁寧に示すことです。

　教室英語でよく使われる次のフレーズを見てみてください。

> ・**Look.**（見てください。）
> ・**Good job!**（よくできました！）
> ・**Open your textbook to page 23.**（教科書の 23 ページを開いてください。）
> ・**Can you say it again?**（もう一度言っていただけますか？）

　どれも読めば簡単に意味が理解できますね。しかし、このようなシンプルなフレーズでも、実際に授業中に児童の前で話すとなると**途端に難しく**なります。なぜなら、自然な流れの中で即時的に使う**瞬発力**や、状況に応じて表現を**使い分ける力**、相手が理解しやすい**英語らしい発音**など、いろいろな知識やスキルが問われるからです。単にフレーズの意味を知っていれば話せる、という訳ではないのです。

　そこで、本書では、Classroom English を始める（またはブラッシュアップする）上で絶対に覚えておきたいフレーズを厳選し、その一つ一つに**「使い方のポイント」**や**「前後の流れがわかる会話例」「併せて覚えておきたい応用フレーズ」**など、運用力がアップする充実の解説をつけました。例えば Look. の場合、この一語のフレーズを入り口に Look at the blackboard.（黒板を見てください）など look at 〜 の活用方法を押さえ、また look/see/watch の使い分けまでカバーします。さらには、付録 DVD の**「Classroom　English 60 秒発音レッスン」**を視聴することで**英語らしい発音のコツ**を映像で確認・練習することができます（look は「ルック」というよりは「**ルク**」という感じです）。

　こうして一つのフレーズを様々な方向から丁寧に掘り下げ、Classroom English を使いこなすための知識やスキルを**少しずつ確実に身につけていける**のが本書の特長です。

◆英語と日本語のバランス

さて、ひとくちに"Classroom English"と言っても、何をどこまで英語で言うかは先生や学級によって大きく異なるでしょう。中には**「全部英語で話さなきゃ‥」**とプレッシャーを感じている先生もいらっしゃるかもしれません。

そこで、私がこれまで初級者に英語を教える中で学んだ**Classroom English 活用のポイント**を二つほどご紹介したいと思います（私個人の経験に基づくものですので、もちろん皆さんがこの通りにしなければならない訳ではありません。一つの実践例として参考にしてください）。

POINT 1　基本の指示・声かけは英語、細かい説明は日本語

授業で Classroom English を使う意義は、**児童（生徒）が生の英語にたくさん触れられる**ことです。機械的な反復練習ではなく、**必然性を伴う生きた場面**の中で英語を繰り返し聞くことに大きな意味があります。そうした豊かなインプット（聞く）は、**のちのアウトプット（話す・書く）を支える大切な土台**となります。

しかし一方で、**授業のすべてを英語で行うというのはとても大変なこと**です。先生は高い英語力を必要としますし、また受け手側の児童がオールイングリッシュの授業についてこられるかも大きな問題です。その単元で身につけようとしている基本表現よりも、説明に用いる英語の方がはるかに難しい英語になってしまう場合があります。

ですので、特に英語を習い始めの時期は、Classroom English は**良い意味で「欲張りすぎない」**ことが大切だと言えます。授業で毎回使う基本のあいさつや指示出し、質問、ほめ言葉などは英語で行い、より込み入ったゲームの説明や授業の振り返りなどは**さっと日本語に切り替える**、といったすみ分けは一つ現実的な落としどころでしょう（余談ですが、本書を執筆するに当たって授業見学をさせていただいた小学校では、ちょうど上記のような英語・日本語のバランスで授業をしており、とても活発で効果的な授業をされていたのが印象的でした）。Classroom English を実践するにあたって、まずは本書の基本フレーズを中心に使ってみると良いでしょう。

POINT 2　英語フレーズに日本語訳を添える

本書に掲載しているフレーズはいずれも基本レベルのものですが、初めて聞く児童にとっては、当然理解できないものも多くあるでしょう。新しい英語のフレーズを使うとき、児童がうまく理解（推測）できない場合は、**日本語訳を口頭でさっと伝える**のも一つの手です。

日本語訳を言う順番は、「英語フレーズ」→（意味を考えさせる間を置いて）→「日本語訳」で言うこともできますし、「日本語訳」→（直後に）→「英語フレーズ」の順番で言うこともできます。個人的には、私は後者の**「日本語→英語」の順番**を好んで使います。

> 例）CD を聞かせる場面で
> （耳に手を当てながら）「CD を聞いてください」→（直後に）Listen to the CD.

日本語を先に言うことで、児童は**意味を理解した状態で（安心して）英語を聞くことができます**。児童

の中で「場面・状況」×「日本語」×「英語」が全てリンクしますので、英語をどんな場面でどんな風に使えば良いのかが理解しやすいですね。この形でインプットを繰り返すうちに、やがて、「場面・状況」（CDを聞く）と「英語」（Listen to the CD.）が直接結びつき、**日本語訳を与えずとも意味がわかる**ようになります。それ以降は英語のみでOKです。

　英語の授業ですので、もちろんできるだけ英語で話すのが理想です。ですが、理解できない英語を長い時間児童に浴びせるのは、児童にとってストレスになりかねません。そういった配慮から、（特にフレーズの導入時期においては）私は一つの「補助輪」として日本語訳を前向きに活用しています。

◆さいごに：新しい時代の英語教育に向けて

　平成20年に外国語活動として小学5、6年生を対象にスタートした公立小学校の英語教育。平成23年度には必修化となり、学校現場でも小学英語がだいぶ浸透してきているようです。文部科学省はその成果として、平成24年に次の調査結果を発表しました。
・中学生の約8割が小学校外国語活動で行ったことが、中学校外国語科で役立っていると考えている。
・8割近い中学校外国語科担当教員が英語の授業において、生徒に変容がみられたと考えている（6割強が「児童が外国や異文化に対して興味を持っている」、5割強が「英語を話す力が高まっている」、6割強が「聞く力が高まっている」と回答）。

※小学校外国語活動実施状況調査（平成24年10～12月）

また、平成26年度についても同様の調査を行い、次の結果を発表しています。
・小学校の英語の授業で学んだことについて、中学1年生の88.8%が「アルファベットを読むこと」、83.9%が「アルファベットを書くこと」、82.8%が「英語で簡単な会話をすること」が中学校の英語の授業で役に立ったと回答。
・中学校外国語科担当教員の65.3%が、中学校1年生の生徒に「成果や変容がとてもみられた」と考えている（変容の具体として、92.6%が「英語を使って積極的にコミュニケーションを図ろうとする態度の育成」、93.5%が「英語の音声に慣れ親しむ」と回答）。

※平成26年度　小学校外国語活動実施状況調査

　これらの調査結果から、多くの児童および外国語科担当教員が外国語活動導入による成果を肯定的に捉えていることがわかります。

　こうした流れの中、平成29年度改訂の新学習指導要領では小学校外国語がついに教科化されます。大学入試の4技能化とあわせて、"戦後最大"とも言われている大規模な教育改革。小・中・高等学校を通じて一貫して行われる、21世紀型のアクティブな（主体的・対話的で深い）英語教育に大きな期待が寄せられます。

　こうした改革の最前線で日々児童と向き合い、試行錯誤を重ねながら新しい道を切り拓く先生方のご活躍に心から敬意を表します。今回のClassroom English本が、そうした先生方にとって頼れる味方の一つになることを祈っております。

I hope you enjoy this book, and good luck!

　最後に、本書発行に当たり、編集協力としてご参加くださった尾川光男先生、高草木智之先生、中嶋美那子先生、茂木千恵子先生に改めてお礼を申し上げます。ご多忙の中、たくさんの貴重なご意見をいただき、本当にありがとうございました。

平成29年4月　山田暢彦

目　次

はじめに ……………………………………………………………………………… 001
本書の使い方 ………………………………………………………………………… 008
Classroom Items …………………………………………………………………… 011

Theme 1
子供のスイッチが入る！　あいさつと指示出し

はじめのあいさつ
1　こんにちは、みなさん。調子はどうですか？　Hello, everyone. How are you? … 014

おわりのあいさつ
2　今日はここまでです。　That's all for today. ……………………………………… 015

基本のあいさつ
3　お腹は空いていますか？　Are you hungry? ……………………………………… 016
4　今日の天気はどうですか？　How's the weather today? ………………………… 017
5　今日は何曜日ですか？　What day is it today? …………………………………… 018
6　今日の日直は誰ですか？　Who's the leader today? …………………………… 019

これがキホン！の指示
7　今日のテーマは数字です。　Today's theme is numbers. ……………………… 020
8　立ってください。　Please stand up. …………………………………………… 021
9　ゲームをしましょう。　Let's play a game. ……………………………………… 022
10　こちらが今日のプリントです。　Here's today's handout. ……………………… 023
11　見てください。　Look. …………………………………………………………… 024
12　聞いてください。　Listen. ……………………………………………………… 025
13　教科書を開いてください。　Open your textbook. ……………………………… 026
14　手を挙げてください。　Raise your hand. ……………………………………… 027
15　何か質問はありますか？　Any questions? …………………………………… 028
16　CDのあとに繰り返してください。　Repeat after the CD. ……………………… 029
17　時間です。　Time's up. ………………………………………………………… 030
18　片づけてください。　Clean up, please. ………………………………………… 031
19　（授業を）まとめましょう。　Let's wrap up. …………………………………… 032

Step Up Check―基礎編―　　　　　　　　　　　　　　　　　　　　　033

ＡＬをうながす

20　グループをつくってください。　Make groups. ……………………………… 034
21　パートナーと話し合ってください。　Talk about it with your partner. ……………… 035
22　クラスに発表しましょう。　Let's present it to the class. ……………………… 036
23　何か考えはありますか？　Any thoughts? ……………………………………… 037
24　誰が答えをわかりますか？（→答えがわかる人？）　Who knows the answer? … 038

アクティビティで使える！

25　昨日のチャンツを覚えていますか？　Do you remember yesterday's chant? …… 039
26　何点とれましたか？　How many points? …………………………………… 040
27　誰かやってくれる人はいますか？　Any volunteers? ………………………… 041
28　役を交代してください。　Change roles. ……………………………………… 042
29　一つ選んでください。　Choose one. ………………………………………… 043
30　先生も（私も）参加して良いですか？　Can I join? ………………………… 044

Step Up Check─応用編─　　　　　　　　　　　　　　　　　　　　　045

Theme 2
子供がもっとチャレンジできる！　ほめ方・うながし方

ほめる！

1　じょうず！　Good! ……………………………………………………… 048
2　よくできました。　Good job. …………………………………………… 049
3　正解です！　That's correct! …………………………………………… 050
4　手伝ってくれてありがとう。　Thank you for helping. ………………… 051

励ます！

5　惜しい！　Close! ………………………………………………………… 052
6　やればできるよ！　You can do it! ……………………………………… 053
7　何が問題なのですか？（→どうしたのですか？）　What's the matter? …………… 054

注意をうながす

8 　静かに。　Quiet. ……………………………………………………… 055
9 　姿勢を正しなさい。　Sit up straight. ……………………………… 056
10 　まだ始めないでください。　Don't start yet. ……………………… 057

Step Up Check―基礎編―　　　　　　　　　　　　　　　　058

具体的にほめる！

11 　上手になったね。　You're getting good. …………………………… 059
12 　クラスに（お手本を）見せてくれますか？　Can you show the class? ………… 060
13 　みなさん、このグループを見てみましょう。　Everybody, look at this group. …… 061
14 　よく気がついたね！　Wow, you noticed! …………………………… 062
15 　今日はとても上手に歌っていたよ。　You sang very nicely today. ………… 063
16 　あなたは他の人の話をよく聞くところが好きだよ（＝素晴らしいよ）。
　　　I like that you listen to other people. ……………………………… 064

具体的に励ます！

17 　もう少し大きな声で言ってごらん。　A little louder. ………………… 065
18 　一緒にやってみよう。　Let's try it together. ……………………… 066

具体的に注意をうながす

19 　先生は（私は）悲しいです。　I'm sad. ………………………………… 067
20 　何と言うのですか？　What do you say? ……………………………… 068

Step Up Check―応用編―　　　　　　　　　　　　　　　　069

Theme 3
授業をスムーズに展開できる！　ALTとのコミュニケーション

授業前後のあいさつ

1 　おはようございます。　Good morning. ……………………………… 072
2 　こちらへどうぞ。　This way, please. ………………………………… 073
3 　こちらが今日のレッスンプランです。　Here is today's lesson plan. ………… 074

4　今日のレッスンをありがとうございました。　Thank you for today's lesson. …… 075

授業中のとっさのひとこと

5　「消しゴム」は英語でどう言うのですか？　How do you say "*keshigomu*" in English? … 076
6　"brave" とはどういう意味ですか？　What does "brave" mean? …………………… 077
7　この単語を発音してくれませんか？　Can you pronounce this word? ……………… 078
8　わかりません。　I don't understand. ………………………………………………… 079
9　もう一度言ってください。　Can you say it again? ………………………………… 080
10　先生、こちらに来てください。　Can you come here? ……………………………… 081

Step Up Check─基礎編─　082

授業前後の具体的やりとり

11　このゲームをやったことはありますか？　Have you ever played this game? …… 083
12　ルールを説明しますね。　I'll explain the rules. …………………………………… 084
13　実演していただけますか？　Could you please give a demonstration? …………… 085
14　アドバイスをいただけますか？　May I have your advice? ………………………… 086
15　今日の授業をどう思いましたか？　What did you think of today's class? ……… 087
16　次回はチャンツで始めましょう。　Next time, let's start with a chant. …………… 088

プライベートにまつわるやりとり

17　出身はどちらですか？　Where are you from? ……………………………………… 089
18　（暇なときは）何をするのが好きですか？　What do you like to do（in your free time）？　090
19　良い週末を過ごしましたか？　Did you have a nice weekend? …………………… 091
20　私の一番好きなレストランは"（レストラン名）"です。　My favorite restaurant is 〜. … 092

Step Up Check─応用編─　093

索引 …………………………………………………………………………………………… 094
Production team ……………………………………………………………………………… 102

本書の使い方　フレーズページについて

❶ フレーズを使う際の具体的な状況を示したイラストです。左下の「CONVERSATION」での会話の例と連動しています。

❷ 取り上げるフレーズと読み方、和訳、「発音のコツ」を示しています。読み方はカタカナで書かれています。子供たちにカタカナでの発音指導をするのは避けるべきですが、本書はあくまでも「先生が子供たちの前で英語らしい発音で Classroom English を話すこと」を目的としています。ですので**便宜上カタカナを振り、強調すべきところは赤い太字で、小さく軽く発音すべきところは文字のサイズを小さくすることで最大限、文字で発音を表現しています。**より詳細に正しい発音をマスターするには、付録 DVD「Classroom English 60 秒発音レッスン」を視聴してください。

❸ フレーズのポイントを押さえます。どんなときに使われるフレーズか、文法上の注意事項は何かなど、**最低限の情報と結び付けてフレーズを記憶しておけば、**使いたい場面で、よりスムーズに話すことができるでしょう。

❹ CONVERSATION の欄では、前後の流れがわかるやりとりの例を示しています。例えば、1-1 Hello, everyone. How are you? では、子供からの反応（I'm fine. How are you?）を挙げることで、そのフレーズが授業の場面でどのように使われているか具体的に知ることができます。

❺ LEVEL UP の欄では、運用力がアップするよう、そのフレーズと併せて覚えておきたい応用的なフレーズや発展的な知識を取り上げています。1-1 Hello, everyone. How are you? の場合、色々な反応（まぁまぁ、お腹が空いた…etc.）を列挙していますので、先生だけでなく、それらの言い方を子供にも教えれば、授業でそのまま活用できます。

マークについて

本書では様々なマークが使われています。

- 🔴 付録 DVD の track ナンバー
- ❖ フレーズ紹介
- 💡 諸注意事項
- ✏️ フレーズにまつわるコラム
- ❗ ワンポイント解説
- **Q&A** よくあるお悩みコーナー
- **例** 例文
- **High-level** 難易度の高い表現。授業中に言う場合、日本語訳を添えるなどのフォローを推奨。

Step Up Check ページについて

			▶ STEP2
❶	こんにちは、みなさん。調子はどうですか？	Hello, everyone. How are you? (p.14)	☑
❷	今日の天気はどうですか？	How's the weather today? (p.17)	☑
❸	今日は何曜日ですか？	What day is it today? (p.18)	☑
❹	ゲームをしましょう。	Let's play a game. (p.22)	☑
❺	こちらが今日のプリントです。	Here's today's handout. (p.23)	☑
❻	黒板を見てください。	Look at the blackboard. (p.24)	☑
❼	教科書の 30 ページを開いてください。	Open your textbook to page 30. (p.26)	☑
❽	CD のあとに繰り返してください。	Repeat after the CD. (p.29)	☑
❾	時間です。	Time's up. (p.30)	☑
❿	今日はここまでです。	That's all for today. (p.15)	☑

　本書のフレーズは「あいさつと指示出し」「ほめ方・うながし方」「ALT とのコミュニケーション」の 3 ジャンルに分かれており、その中でも「基礎／応用」に区分されています。まずは最低限言えるようになりたい基礎的なフレーズ、基礎が言えるようになったら応用的なフレーズに進みます。どれだけ習得できたかチャレンジするのが、「基礎／応用」の区切りごとに登場する Step Up Check ページです。

　このページには、下記のとおり 2 つの機能があります。

STEP1：30 秒チャレンジ！

　「このフレーズを言いたい！」というときに、「なんだっけ…」と考え込んでしまったら、まだ身についているとは言えないですよね。STEP1 では秒数が指定されていますので、時間内にフレーズを言えるようになるまで練習してチェックを入れていきます。

STEP2：教室で使おう！

　STEP1 で、フレーズが口になじんできたら、授業中に実際に Classroom English を使えるようになることが最も重要です。学んだフレーズのうち、その日の授業でいくつ使うことができたか、チェックを入れていきます。「今日は 5 フレーズ言う！」と目標を決めても良いかもしれません。

付録 DVD について

Classroom English 60秒発音レッスン

MP4 形式

このDVDはパソコンで見ることができます。デッキでは再生できません。

　担任の先生が英語らしい発音で英語を話すことは、教室の「今から英語の授業！」というスイッチをONにできますし、子供にお手本を見せる、という意味でもとても重要です。このDVDでは、筆者である私（NOBU）が、本書で扱った70フレーズの発音をレッスンしていきます。レッスンは1フレーズにつきなんとたったの60秒。動画の構成には、2つのポイントがあります。

POINT1：「今回のフレーズは、コチラ。」

　まずはフレーズの全体像を押さえて、発音上とりわけ重要な点をレッスンします。そのとき注意して見てほしいのは私の「口の形」と「発音の特徴を示すジェスチャー」です。ここに、発音を「映像」で学ぶ理由が詰まっています。

POINT2：Repeat after me.

　動画の最後には必ずフレーズを私につづいて発音する時間を設けてあります。実際に言ってみることで、「ちょっと恥ずかしい」「ハードルが高い」なんて感じていた英語の発音が、ポイントさえ押さえれば実は簡単であることに気付くことができるはずです。

[DVD-ROM 収録の動画について]
本書に付属のDVD-ROMには動画が収録されています。動画はパソコンで再生することができるMP4ファイル形式ですので、動画再生のできるアプリケーションソフトでご覧になることができます。デッキでは再生できませんので、ご注意ください。
〇再生について
・各フレーズごとにファイルが分割されていますので、観たいtrackを繰り返し再生することができます。また、各アプリケーションソフトにて全曲再生の設定をすることで、すべてのファイルを通して再生することもできます。
〇著作権について
・DVDに収録されている動画は著作権法によって保護されています。
・著作権法での例外規定を除き、（株）東洋館出版社及び著作権者の許諾を得ずに、無断で複製することは法律で禁じられています。
・DVDに収録されている動画は、営利目的であるか否かにかかわらず、第三者への譲渡、貸与、販売、頒布、インターネット上の公開等を禁じます。
〇免責事項
・このDVDのご使用によって生じた損害、障害、被害、その他いかなる事態についても弊社は一切の責任を負いかねます。
〇その他留意事項
・パソコンや各アプリケーションソフトの操作方法については各製造元にお問い合わせください。

Classroom Items

机、いす、ノート、鉛筆、掲示物…。教室の中にはたくさんのモノがあります。それらの英語での言い方を確認しておきましょう。身近なモノからどんどん英語で表現していくことで、教室内の「英語スイッチ」が入りやすくなります。

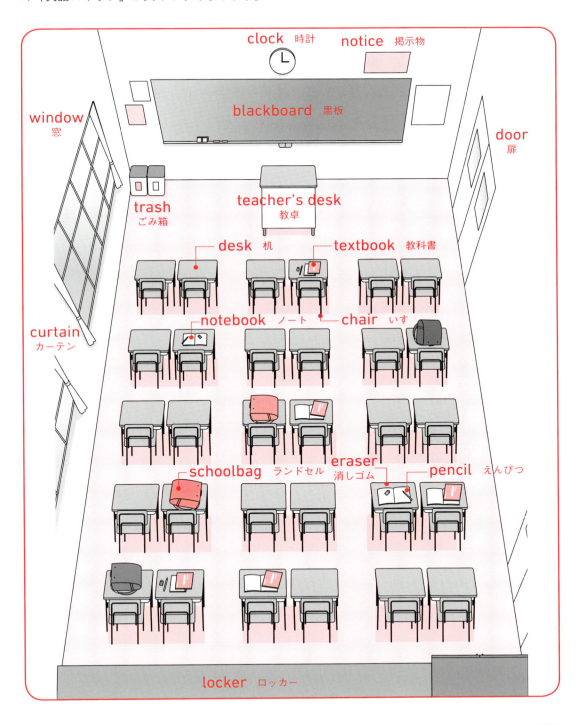

Theme 1

子供のスイッチが入る！あいさつと指示出し

Hello, everyone. How are you?

That's all for today.

What day is it today?

基礎編	p.014
Step Up Check―基礎編	p.033
応用編	p.034
Step Up Check―応用編	p.045

Theme1. では、授業で必ず使うおなじみのあいさつや、「とっさのひとこと」的に言いたい指示出しのフレーズを扱います。文脈に合ったジェスチャーを交えて喋るなどしながら、子供たちの「英語スイッチ」をON! にしていきましょう。

Let's present it to the class.

Any volunteers?

1 はじめのあいさつ

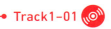Track1-01

ヘロウ　エヴリワン　ハウアー　ユー
Hello, everyone. How are you?

こんにちは、みなさん。調子はどうですか？

発音のコツ
How are you? は、are の部分を高めの音程で発音すると、英語らしい抑揚が生まれます。また、「ハウ・アー・ユー」と単語ごとに区切るのではなく、一息で「ハウ**アー**ユー」とつなげて発音しましょう。

POINT
英会話でおなじみの Hello, how are you?（こんにちは、調子はどうですか？→元気ですか？）は、授業のはじめのあいさつとしても使うことができます。ここでは、Hello のあとに everyone（みなさん）を置いています。クラス全員に向けて大きな声で呼びかけて、教室の雰囲気を"英語モード"に切り替えましょう。なお、Hello の代わりに、よりくだけた Hi を使っても OK です。

🔊 CONVERSATION

T：Hello, everyone. How are you?
C：I'm fine. How are you?
T：I'm doing good.

　T：こんにちは、みなさん。調子はどうですか？
　C：元気です。先生は？
　T：元気です。

　先生だけが一方的にあいさつするのではなく、児童にも How are you?（または And you?）と聞き返すように指導しましょう。

　また、How are you? の答え方はいくつかあります。教科書等でよく出てくる I'm fine. は、児童が最初に覚える返事としては良いですが、やや形式的でかしこまった響きをもちますので、実際の日常会話では実はそこまで使われません。より一般的なのは、I'm (doing) good. や I'm great. です。

　上記のやりとりでは、児童の I'm fine. に対して、先生が I'm doing good. と答えて、自然なバリエーションをつけています。

❗ LEVEL UP

①個別の児童に
　クラス全体へのあいさつのあと、個別の児童（数人）と左記のやりとりを行うのも良い練習になるでしょう。Hello のあと、名前をはっきりと呼びかけてあげましょう。

T：Hello, Satoko. How are you?
C：I'm fine. How are you?

②「まぁまぁ」などの言い方
　I'm fine. や I'm (doing) good. などの標準的な答え方に慣れてきたら、「まぁまぁ」や「お腹が空いた」など、そのときの気分に合った表現を使って答えるのも児童にとって楽しいでしょう。

❖ まぁまぁ → I'm alright.
❖ お腹が空いた → I'm hungry.
❖ 暑い → I'm hot.
❖ 眠たい → I'm sleepy.

Theme 1. 子供のスイッチが入る！　あいさつと指示出し

2 おわりのあいさつ

Track1-02

ザーツォール　フォ　トゥデイ
That's all for today.
今日はここまでです。

> **発音のコツ**
> That's all / for today. と区切りを意識すると発音しやすくなります。That's all は「**ザーツォ**ール」とくっつけて発音します。for today は「フォ**トゥデイ**」という感じで、for を軽く短く、today を強くはっきりと発音してください。合わせると、「**ザーツォ**ール　フォ**トゥデイ**」となります。

POINT
授業は毎回同じフレーズで締めくくるとわかりやすいでしょう。定番表現は That's all for today. です。That's all「これで以上です」と for today「今日のところは」が組み合わさったフレーズです。

💬 CONVERSATION

T : <u>Did you have fun?</u>
C : Yes!
T : Good. That's all for today. <u>Good job, every-one! See you again tomorrow!</u>
C : Goodbye, Mr./Ms. ○○!

T：楽しかったですか？
C：はい！
T：良かった。今日はここまでです。みなさん、よくがんばりました！また明日会いましょう！
C：さようなら、○○先生！

　Did you have fun? は「楽しかった？」と児童の感想を尋ねるフレーズです。授業に関する簡単なやりとりをしたあとで、That's all for today. と定番のフレーズで授業を締めくくっています。なお、直後に Good job, everyone!「よくがんばりましたね！」とほめ言葉を添えている点にも注目してください。こうした励ましの言葉は、授業の雰囲気をパッと明るくしてくれます。特別に大げさに言う必要はありませんので、明るく、自然体で声をかけていきましょう。

❗ LEVEL UP

① ALT の先生へのお礼の言葉
　ALT の先生がいる場合は、That's all for today. のあとに、Thank you for 〜. の形でお礼のあいさつを続けましょう。

T : That's all for today. Let's say thank you to Mr. Ellis.（ALT の先生に向かって）<u>Thank you for the lesson, Mr. Ellis.</u>
C :（復唱して）Thank you for the lesson, Mr. Ellis.

②「さようなら」の言い方
　別れ際のあいさつにはいくつかパターンがあります。基本の Goodbye.「さようなら」に慣れたら、次の表現も使ってみてください。いずれも日常会話でよく使われるフレーズです。

- ❖ See you. またね。
  - 💡 親近感のわく気軽なあいさつ
- ❖ See you tomorrow [Monday].
  また明日［月曜日］ね。
  - 💡 次にいつ会うかが決まっている場合
- ❖ Have a nice day! 良い一日を！
  - 💡 別れ際に相手の幸せを願う

3 基本のあいさつ（気分／体調）

Track1-03

アーユー　ハングリー
Are you hungry?
お腹は空いていますか？

発音のコツ
文末の hungry を上がり調子で発音しましょう。一般的に、日本人話者が「おおげさ」と感じるくらいに抑揚をつけると、英語圏の人にはちょうど良いくらいに聞こえます。こうした抑揚（＝イントネーション）は英語の大切な要素ですので、ぜひ心がけてくださいね。

POINT

How are you?（調子はどうですか）のあいさつのあと、Are you 〜？ を用いて会話をさらに展開することができます。Are you 〜？ は「あなたは〜ですか」と相手の様子・状態を尋ねるフレーズで、たとえば、「お腹が空いた」を表す hungry を続けると、Are you hungry?「お腹が空いていますか」という意味になります。返事は、Yes. または No. で答えます。

🎤 CONVERSATION

T:（全員に向かって）Hello, everyone. How are you?
C: I'm fine. How are you?
T: I'm doing good. It's almost lunch. Are you hungry?
C: Yes.
T: Oh, me too.

　T: みなさん、こんにちは。元気ですか？
　C: はい。先生は元気ですか？
　T: 元気です。もうすぐお昼ご飯ですね。お腹は空いていますか？
　C: はい。
　T: あぁ、先生もです。

It's almost lunch.（もうすぐ昼ご飯ですね）と前置きをしたあとで、Are you hungry? と児童の様子を尋ねています。また、児童の Yes. に対して、Me too. と応じて共感を示しています。こうした自然なやりとりは「コミュニケーション手段としての英語」を実感させる良い機会になります。活動の前後などに、ぜひ少し取り入れてみてください。

❗ LEVEL UP

① Are you 〜？ を使いこなす

授業の時間帯や児童の様子に合わせて、Are you 〜？ を次のように使うこともできます。

❖ 1時間目で眠たそう
→ Are you sleepy?　眠たいですか？

❖ 体育で運動したあと
→ Are you tired?　疲れましたか？

❖ 暑そう／寒そうにしている
→ Are you hot [cold]?　暑い／寒いですか？

❖ マスクをしている
→ Are you OK?　大丈夫ですか？

❖ 体調が悪そう
→ Are you sick?　具合が悪いのですか？

❗ 答え方のワンポイント

体調不良を訴える際は、have がよく使われます。

❖ 風邪をひいています → I have a cold.
❖ 頭痛がします → I have a headache.

Theme 1. 子供のスイッチが入る！ あいさつと指示出し

4 基本のあいさつ（天気）

Track1-04

ハーウズ　ザ　ウェザー　トゥデイ
How's the weather today?
今日の天気はどうですか？

発音のコツ
How is［How's］〜? は「〜はどう？」と様子・状態を尋ねるフレーズです。how は「**ハーウ**」と母音を伸ばして発音しましょう。また、the weather（天気）は、the を軽く短く発音し、代わりに続く weather を強調することで、英語らしいメリハリが生まれます。「ハーウズ ザ**ウェ**ザー」という感じです。

POINT

天気は、身近な話題でありながら毎日変化もするので、英会話の練習には打ってつけのトピックです。授業開始のあいさつのあと、「天気はどうですか？」「晴れです」といった簡単なやりとりを取り入れてみましょう。英語表現を、日常生活に根ざした身近な事柄と結びつけることで、より確かな英語の感覚が身につきます。

🔊 CONVERSATION

〈How are you? –I'm fine. のあいさつのあとで〉
T：（窓の外を見ながら）So, how's the weather today?
C：Cloudy.
T：Yes, good. It's cloudy.（寒そうに）And it's cold.
　T：さて、今日の天気はどうですか？
　C：Cloudy。
　T：はい、よく言えました。It's cloudy。また、It's cold. ですね。

窓の外を見たり、空を指さしたりするなど、視覚に訴えるアクションを行いながら How's 〜? と問いかけましょう。なお、上記では児童は Cloudy.（くもりです）と単語で答えていますが、先生はそのあとで It's cloudy. と完全な文で繰り返していますね。「天気を言うときは It's を使う」ということを、自然な会話の中で示しているのです。小学校英語では、（あれこれと教えるよりも）たっぷりとお手本を示して表現に「自然と触れさせる」のがコツと言えるでしょう。

❗ LEVEL UP

①天気の言い方
天気は、It's＋形容詞. の形で表します。
❖晴れ→ It's sunny.
❖くもり→ It's cloudy.
💡「所によりくもり」なら It's partly cloudy.
❖風が強い→ It's windy.
❖寒い／暑い→ It's cold [hot] .
❖雨／雪→ It's raining [snowing] .
💡今まさに降っている、という場合は、〜ing の形で表します（rainy や snowy ではなく）。

② Is it 〜? でヒントを出す
児童がまだ天気を言えない場合は、Is it sunny?「晴れていますか」、Is it cold?「寒いですか」などと質問して答えを引き出すと良いでしょう。

❗ 晴れた暖かい日に
T：How's the weather today?（寒そうに）Is it cold?
C：No.
T：（気持ちよさそうに）Is it sunny?
C：Yes!
T：Good! Yes, it's sunny today.

5 基本のあいさつ（曜日）

Track1-05

ワッデイ　イズィッ トゥデイ
What day is it today?
今日は何曜日ですか？

発音のコツ
What day は、似た音同士の t と d をつなげ、「**ワッデイ**」と一語のように発音してみましょう（t を落とす）。また、is it も、語尾の s と語頭の i（is it）をつなげ、「**イズィッ**」のように発音します。合わせると、「**ワッデイ イ**ズィッ **ト**ゥデイ」。

POINT
天気に加えて「曜日」も、決まった表現を練習するのにぴったりのトピックです。What day は 2 語で「何の日」（＝何曜日）という意味を表します。続く is it の it は、「時間を表す it」。天気と同様、時間・曜日を言うときにも it を使います。例えば「月曜日です」と答えるなら It's Monday. となります。

🔊 CONVERSATION

〈How are you? —I'm fine. のあいさつのあとで〉
T：（カレンダーを指さしながら）What day is it today?
C：Tuesday!
T：Tuesday? Really? Try again. Monday, Tuesday, Wednesday....
C：Thursday!
T：Yes, it's Thursday!

T：今日は何曜日ですか？
C：Tuesday！
T：Tuesday？本当ですか？もう一度言ってみて。Monday、Tuesday、Wednesday…
C：Thursday！
T：そうです、Thursday です！

曜日名を覚えるのは、英語を習いたての児童にとってはとても難しいことです。はじめのうちは間違えることもよくあるでしょう。そのときは、Really?（本当？）や Try again.（もう一度）などの言葉で励ましましょう。上の CONVERSATION にもあるように、ヒントとして他の曜日名を挙げることで思い出せる場合もあります。

❗ LEVEL UP

①日付の言い方
日付を尋ねる場合は、What's the date today? と言います（date「日付」）。答えるときは、曜日と同じ It's〜. の形が使えます。

例
What's the date today?
今日の日付は何ですか？
—It's June 2.　6月2日です。

❖日付の数字は first, second, third…と序数の形で読みましょう。上記は June second です。

②「曜日・日付」と「天気」を組み合わせる
曜日や日付のやりとりのあと、1-4（p.17）の How's the weather today? で天気をたずねることもできます。いずれも It's 〜. で表すという共通点があるので、児童に負担をかけずに、まとまった自然なやりとりを楽しむことができます。

T：What day is it today?
C：It's Tuesday.
T：Good! And how's the weather?
C：It's sunny.
T：Excellent! It's Tuesday, and it's sunny.

Theme 1. 子供のスイッチが入る！ あいさつと指示出し

6 基本のあいさつ（日直）

Track1-06

ホゥーズ ザ リーダー トゥデイ
Who's the leader today?

今日の日直は誰ですか？

発音のコツ

who は「誰」という意味ですね。who をカタカナの「フー」のように発音してしまう人が多いですが、実際は「ホゥー」により近いです。「フ」になってしまうのは、上の歯が下の唇に触れる瞬間です。唇を少しすぼめることでこの接触を防ぐことができ、より正確な who の発音になります。

POINT

「日直」は the leader や today's leader と表すことができます。開始のあいさつや天気・曜日などのやりとりを行ったあと、日直に授業開始の号令をかけてもらうのも良いでしょう。

🗣 CONVERSATION

〈あいさつや天気・曜日のやりとりのあとで〉
T：OK, who's the leader today?
C：（日直が挙手）I am.
T：OK, Rie. Please begin the class.
C：Everyone, please stand up. Let's begin!
Class：（全員で）Let's begin!

　T：さて、今日の日直は誰ですか？
　C：私です。
　T：はい、リエ。授業を開始してください。
　C：みなさん、立ってください。授業を始めましょう！
　クラス：授業を始めましょう！

　日直に授業開始の号令を頼んでいる場面です。Who's ～? に対して「私です」と返事するには、I am. と言います。挙手しながら答えさせると良いでしょう。「授業を始める」は begin the class。Please ～. の形で日直に頼みましょう。また、日直は Let's ～. の形で「授業を始めましょう」とクラス全員に呼びかけます。全員で元気に復唱すると良い一体感が生まれるでしょう。

❗ LEVEL UP

① Who's ～? で欠席者も確認できる

「欠席」は absent と言います。Who's absent today? で「今日は誰が欠席ですか」という質問になります。余裕があったら、日直と次のようなやりとりを行うのも良いでしょう。

T：Who's the leader today?
C：I am.
T：OK, Rie. Who's absent today?
C：Yuka and Taku.

② 英語で出欠を取る方法

上記のやりとりは日直に欠席者を教えてもらう設定ですが、もちろん、先生が自身で出欠をとることもできます。「出欠をとる」は take the roll と言います。

T：OK, I will take the roll now. Yuji.
Yuji：（挙手して）Here!
T：Mika.
Mika：（挙手して）Here!

❗ ワンポイント

名前を呼ばれたとき、日本語では「はい」と返事するところ、英語では Here.（ここにいます）と言います。

019

7 これがキホン！の指示

Track1-07

トゥデイズ　スィーム　イズ　ナンバーズ
Today's theme is numbers.
今日のテーマは数字です。

発音のコツ

theme の発音は「テーマ」ではありません。はじめの母音 e は「エ」ではなく、「イー」と伸ばします。また、語尾の m は「口を閉じた状態」で発音しましょう。日本語の「テーマ」は口が開きますが、m は貝のようにぴったりと閉じるのが特徴です。

POINT

児童一人一人が授業に主体的に参加するには、授業全体のテーマ・目標が何であるか（＝何をやろうとしているのか）を本人がしっかり理解していることが大切です。Today's theme is ～. の形でわかりやすく伝えることができます。

🔊 CONVERSATION

〈本時のテーマ・目標を発表〉

T：OK, let's begin. Today's theme is numbers. Can you say these numbers?（1～10を見せる）

C：One, two, three...（10まで数える）

T：Good! Do you know these?（11～20を見せる）Today, we will learn these numbers, "eleven" to "twenty".

T：はい、始めましょう。今日のテーマは数字です。この数字を言えますか？

C：1、2、3...

T：いいですね。では、これらはわかりますか？　今日はこれら11から20の数字を学びます。

歌やアクティビティーをいきなり行うのではなく、まず Today's theme is ～. でテーマが「数字」であることを伝えています。1～10の言い方を確認したあと、11～20を見せて、we will learn these numbers と知らせます。「これから何をするのか？」「自分は何をすれば良いのか？」という説明があれば、児童もわかりやすいですね。

❗ LEVEL UP

①色々なテーマ

Today's theme is ～. の形で色々なテーマを伝えてみましょう。～には名詞が入ります。

あいさつ greetings　ジェスチャー gestures　色と形 colors and shapes　果物と野菜 fruits and vegetables　アルファベット the alphabet　曜日 days of the week　教科 subjects　食べ物 food　好き嫌い likes and dislikes

②やることを具体的に言う

全体のテーマに加えて、We will ～. の形で「具体的に何をやるか」についても触れると良いでしょう。～には動詞で始まる語句が入ります。

クイズをつくる make a quiz　時間割をつくる make a class schedule　ランチメニューをつくる make a lunch menu　インタビューをする do an interview　料理を注文する練習をする practice ordering food

Theme 1. 子供のスイッチが入る！ あいさつと指示出し

8 これがキホン！の指示

● Track1-08

プリーズ　スターンダップ
Please stand up.

立ってください。

発音のコツ

stand up（立ち上がる）の2語を「スタンド・アップ」と区切るのではなく、「スターンダップ」とつなげて発音してみましょう。英語では、ある語が子音で終わり（stan<u>d</u>）、続く語が母音で始まる（<u>u</u>p）場合は、2つの音がくっつきます。その結果、"stan-dup"のように発音されます。

ALT

POINT

はじめのあいさつやゲームを行う際に、児童に起立してほしいときのフレーズです。stand up は熟語で「立ち上がる」という意味です。stand 単体は「立っている」という"状態"を表しますが、stand <u>up</u> とすることで「立ち<u>上</u>がる」という"動作"になります。

🎧 CONVERSATION

T：OK, everyone. Please stand up.
C：（立ち上がる）
T：Let's sing "Hello Song".
T&C：（みんなで歌う）
T：Good job! Now please sit down.

T：それでは、みなさん。立ってください。
T：Hello Song を歌いましょう。
T：よくできました！それでは座ってください。

　はじめのあいさつを終え、"Hello Song"を歌い始める場面です。Please stand up. で立ち上がるように指示したあと、Let's ～. で「歌いましょう」と呼びかけます。歌い終わると、Good job! と一言ほめてから、着席するように指示しています。「座ってください」は Please sit down. と言います。sit down は熟語で「座る」。sit 一語だと通常は「座っている」という状態を表しますので、「腰をかける」という動作を表したいときは sit <u>down</u> と言います。stand up と sit down はセットで覚えておきましょう。

❗ LEVEL UP

①「起立、礼、着席」の言い方

　英語圏では、「起立、礼、着席」に対応する決まった号令はありません。英語で言いたい場合は、それぞれの単語を訳した Stand up. Bow. Sit down. と言うと良いでしょう。bow に「バーウ」のように、母音をしっかり伸ばしましょう。

❗ "指示・説明"での please

　今回のフレーズは Please stand up. としていますが、please は必ず必要というわけではありません。何かをお願いしたり、許可を求めたりする際など、相手に特別に配慮を示したいときには please を使いますが、授業内での活動の指示や説明の場面では、そうした配慮は特に必要ありませんね。いきなり動詞で文を始めるとキツい命令口調になってしまうのではと心配する方が多いですが、実際はそんなことはありません。命令文は、日本人が思っているよりももっと気軽な気持ちで使って大丈夫なのです。

021

9 これがキホン！の指示

Track1-09

Let's play a game.
レッツ プレイ ァ ゲイム

ゲームをしましょう。

発音のコツ
文頭の Let's が「〜しましょう」と誘い・提案を表す部分ですので、ここをしっかり強調しましょう。なお、日本語では「レッツ」と発音しますが、英語では Let'su と母音 u の音（「ウ」）を入れません。「ゲーム」も同様で、日本語につられて gameu とならないように注意しましょう。

POINT
ゲームを行うときの導入表現として毎回使えます。Let's 〜. は「（一緒に）〜しましょう」という誘い・提案を表します。なお、こうした決まった導入の表現は英語で行うのが望ましいですが、ゲームの細かいルール説明は、正確な理解を優先して日本語で行うと良いでしょう（慣れてきたら英語でも挑戦してみてください！）。

🎧 CONVERSATION

T : OK, everyone. <u>First</u>, let's sing "Seven Steps".
C : OK.
T : （歌を終えて）Good job! <u>Next</u>, let's play a game.
　T : それでは、みなさん。まず、Seven Steps を歌いましょう。
　C : はい。
　T : よくできました！次は、ゲームをしましょう。

　上の CONVERSATION では、メインのゲームを行う前に、First, let's sing 〜.「まずは〜を歌いましょう」と既習の歌でウォーミングアップをしています。First は「第一に、まずは」という意味で、このあとに別の展開があることを示唆します。歌のあとは、<u>Next</u>, let's play 〜.「次は〜しましょう」と次の活動に移っています。First → Next は、授業を展開する際にとても便利な表現ですので、ぜひ活用してみてくださいね。

❗ LEVEL UP

①ウォーミングアップするときの表現
　左記の例では、ウォーミングアップとしてはじめに歌を歌っていましたが、もちろん歌にこだわる必要はありません。Let's 〜. を使って、あらゆる活動を導入できます。
❖ チャンツをしましょう。→ Let's <u>do</u> a chant.
❖ DVD を見ましょう。→ Let's <u>watch</u> a DVD.
❖ CD を聞きましょう。→ Let's <u>listen</u> to a CD.
❖ クイズをやりましょう。→ Let's <u>do</u> a quiz.
❖ 復習しましょう。→ Let's <u>review</u>.

❗ ワンポイント
　ウォーミングアップには時間をかけすぎず、既習の歌やアクティビティーを用いてテンポよく復習しましょう。

②ゲームの名前を紹介する
　ゲームを導入する際の Let's play a game. は、a game の代わりに「具体的なゲームの名前」を置くこともできます。Let's play <u>Simon Says</u>. は「Simon Says をやりましょう」、Let's play <u>Pointing Game</u>. なら「Pointing Game をやりましょう」です。なお、Today's game is 〜（ゲーム名）. の形で紹介することもできます。

Theme 1. 子供のスイッチが入る！ あいさつと指示出し

10 これがキホン！の指示

Track1-10

ヒアーズ　トゥデイズ　ハーンダウト
Here's today's handout.
こちらが今日のプリントです。

発音のコツ

HERE'S today's HANDout. とメリハリをつけて発音しましょう。大文字の部分を、大げさなくらいに「高い音程」で「長め」に発音すると英語らしいリズムが生まれます。HERE'S（こちら）で手元に注目させ、そのあとで HANDout と説明を続けます。handout は、HAND の部分にアクセントをつけます。

POINT

アクティビティーでプリントやワークシートを利用するときは、Here's 〜.「こちらが〜です」「〜をどうぞ」というフレーズを使って配りましょう。「プリント」は英語では print ではく、handout（配布物）と言う点に注意してください。また、書き込み式のものであれば worksheet です。

🎙 CONVERSATION

T：Here's today's handout. Please pass it around.
C1：Here you are.（プリントを回す）
C2：Thank you.
T：Does everyone have one?

　T：こちらが今日のプリントです。みんなに回してください。
　C1：どうぞ。
　C2：ありがとう。
　T：全員持っていますか？

Here's 〜. でプリントを差し出したあと、Please pass it around. で他の児童に回すようにお願いしています。pass 〜 around で「〜を回す」。児童は Here you are.（どうぞ）と言って、それを次の児童に手渡し、相手は Thank you. とお礼を言って受け取ります。Here you are. ─ Thank you. は、物を手渡すときの基本ですので、しっかり言えるように指導しましょう。

最後の Does everyone have one? は、プリントが行き渡っているかを確認するフレーズです。足りない場合は、How many? で枚数を確認できます。

⚠ LEVEL UP

①プリントに関連した表現

左記の会話例にあるフレーズに加えて、次の表現も覚えておくと便利です。

❗ **This is 〜.** で何のプリントかを説明

❖ This is a class schedule.
　これは時間割です。
❖ This is an interview sheet.
　これはインタビューシート（カード）です。
❖ This is a bingo sheet.
　これはビンゴシート（カード）です。

❗ 命令文でプリントの使い方を説明

❖ Write your name on this line.
　この線の上に名前を書いてください。
❖ Write the hints here.
　ここにヒントを書いてください。
❖ Choose one color.
　色を一つ選んでください。
❖ Color in the apples.
　リンゴを塗り込んでください。
❖ Connect the dots.
　点を線でつないでください。

11 これがキホン！の指示

Track1-11

Look.
ルク

見てください。

発音のコツ

明確に指示が伝わるよう、見てほしい方向に指をさしながら、力強い声で発しましょう。また、なるべくLooku と語尾に余計な u（「ウ」）の音が入らないようにしてください（k は「息だけ」の音）。簡単なコツとして、LOOk. と真ん中の母音をしっかり強調すると、相対的に語尾の k が軽くなり、英語らしいメリハリが生まれます。

POINT

黒板やワークシートなど、何かに視線を向けさせたいときに使う指示です。look は「見る」という意味の動詞ですが、こうして「いきなり動詞で文を始める」ことで、「～しなさい」「～してね」という指示・お願いを表すことができます（命令文）。なお、Look. という指示は特別に丁寧さを要するものではありませんので、Look, please. などとする必要はありません。

🗨 CONVERSATION

〈黒板に貼り出した動物のイラストを指さして〉

T：Everyone, look. What's this?
C：ネコ！
T：Yes, a cat. It's a cat. And, what's that?
C：イヌ！
T：Yes, it's a dog.

　T：みなさん、見てください。これは何ですか？
　C：ネコ！
　T：そうです、cat。これは cat です。では、あれは何ですか？
　C：イヌ！
　T：はい。dog ですね。

　Everyone（みなさん）という呼びかけで注意を引き、直後に look で指示しています。そして、注意を集めたところで、What's this?（これは何ですか）と動物の名前を答えさせる質問をしています。ここでは、動物名は未習と仮定して児童が「ネコ」「イヌ」と日本語で答えていますが、それに対して、先生が Yes, a cat. と英語に置き換えて応じている点にも注目してください。

❗ LEVEL UP

① Look at ～. で対象を具体的に言う

「黒板を見てください」と具体的に対象を言いたいときは、Look at the blackboard. のように at～を続けます。

「テキストを見てください」なら Look at your textbook.、「私を見てください」なら Look at me. です。

② look、see、watch の使い分け

「見る」を表す動詞には、look、see、watch の3語があります。

❖ **look → 自ら意識的に「見る」、視線を向ける**
黒板やテキストを見てほしい（＝目を向けてほしい）ときは、Look at the blackboard. です。

❖ **see → 対象が視界の中に「見える」**
色々な動物が写ったイラストを見せて「何が見える？」と尋ねるときは、What do you see?。

❖ **watch → 動き・変化のあるものをじっと見る**
DVD や、ALT との実演などをしばらく見てほしいときは、Let's watch a DVD. や Watch our demonstration. です。

Theme 1. 子供のスイッチが入る！ あいさつと指示出し

12 これがキホン！の指示

Track1-12

リスン
Listen.

聞いてください。

発音のコツ

「リッスン」のように小さい「ッ」を入れて発音する人が多いですが、実際は「リスン」に近いです。母音のiにしっかりアクセントをつけて言いましょう。

POINT

ゲームの説明をする、CDで歌を流す、ALTの発音を聞くなど、児童に注意して聞いてほしいときには、Listen. と指示しましょう。前ページのLook.同様、特にpleaseをつけて丁寧に表現する必要はありません。一語で力強く伝えましょう。

🔴 CONVERSATION

〈CDでチャンツを流す前に〉
T：Shhh. Listen. This is a color chant. What do you hear?
T＆C：（チャンツを聞く）
C：Black! Yellow!

T：シー。聞いてください。これは色のチャンツです。何が聞こえますか？
C：Black！ Yellow！

　Shhh. は、静かにしてほしいときに言う日本語の「シー」と同じです。唇に人差し指を当てながら発声しましょう。また、続くListen. では、耳に手を当てると理解しやすいでしょう。4文目のWhat do you hear?（何が聞こえますか）は、児童に英語を「聞き取る」意識をもたせるのに効果的なフレーズです。

⚠ ワンポイント

　What do you hear? をはじめ、児童が指示の英語をうまく理解できない場合は、日本語訳を添えると良いでしょう。適宜日本語を取り入れながら、「活動の目的は何なのか」「何をすれば良いのか」を児童が明確に理解した上で活動を進めることが大切です。

❗ LEVEL UP

① Listen to ～. で対象を具体的に言う

　「スミス先生（が言うこと）を聞いてください」と具体的に対象を言いたいときは、Listen to Ms. Smith. のようにto～を続けます。Listen to the CD. やListen to me. などと応用できます。なお、Listen ～ carefully. のようにcarefullyを加えると「よく聞いてください」と強調できます。

② listen と hear の使い分け

　「聞く」を表す動詞にはlistenとhearがあります。使い分けのポイントは、前ページのlook/seeと同じです。

❖ **listen → 自ら意識的に「聞く」、耳を傾ける**
CDやALTの発音などを聞いてほしい（＝耳を傾けてほしい）ときは、Listen to the CD [Ms. Smith]. です。

❖ **hear → 音が「聞こえる」、耳に入ってくる**
チャンツや歌を聞かせて「何の単語が聞こえる？」と尋ねるときは、What do you hear?。

※余談ですが、英語の聞き取りテストのことをListening Testと言いますね。意識的に聞いて理解するテストです。一方で、Hearing Test は、単に音が聞こえるかどうかのテスト。つまり「聴力検査」です。

13 これがキホン！の指示

Track1-13

オウペン ヨア **テク**スブック
Open your textbook.
教科書を開いてください。

発音のコツ

open は「オープン」よりも「オウペン」のように発音しましょう。頭の母音 o は「オウ」と「ウ」の音を入れ、しっかりアクセントをつけます。また、textbook も「テキストブック」と全ての音を均等に発するのではなく、「テクスブッ（ク）」と母音 e を特に強調しましょう。語尾の子音（text や book）を半ば落とす感覚で話すと、より英語らしく滑らかに発音できます。

POINT

教科書を開いてほしいときの指示です。「15ページを開いてください」のようにページを指定するには、うしろに to を続けて、Open your textbook to page 15. と言います。また、活動が終わって教科書を閉じるように言いたいときは、Close your textbook. と言いましょう。

CONVERSATION

T : Now, let's look at our textbook. Open your textbook to page 23.
C : （教科書を開く）
T : （教科書を見せながら）It's this page. Look at "Let's Play 2". Today we will play the "Pointing Game".

T : それでは、教科書を見ましょう。教科書の23ページを開いてください。
T : このページです。Let's Play 2 を見てください。今日は「ポインティングゲーム」をやります。

Open your textbook のあとに to page 23 を続けてページを指定しています。to ~ をつけ加えるこの形は使えるようになりましょう。続いて、先生が教科書を見せながら It's this page.「このページですよ」と確認し、Look at ~. の指示で Let's Play 2 の箇所に注目させます。そこで、we will play ~. とこれからやることを紹介します。Open ~. → Look at ~. → We will ~. 一連の流れを一つの型としてもっておくと、より余裕をもって英語の指示ができるでしょう。

LEVEL UP

アクティビティーでよく使う指示や質問をまとめました。言えるフレーズを一つずつ増やしていきましょう。

文字などを探し当てさせる

❖この絵の中で "A" はどこにありますか？
　Where is "A" in this picture?
❖ "W" の文字を指してください。
　Point at the letter "W".
❖何の数字が見えますか？
　What number do you see?
❖何匹のネコがいますか？
　How many cats (are there)?

好みのものを選ばせる

❖何の色が好きですか？
　What color do you like?
❖一番好きな動物はどれですか？
　Which is your favorite animal?

書き込むように指示する

❖自分の名前カードを作ってください。
　Make your own name card.
❖絵を描いてください。Draw a picture.
❖点を線で結んでください。Connect the dots.

Theme 1. 子供のスイッチが入る！ あいさつと指示出し

14 これがキホン！の指示

Track1-14

レイズ ヨア ハーンド
Raise your hand.
手を挙げてください。

発音のコツ

raise の冒頭の r は、日本人にとって難しい発音です。「舌が口の中のどこにも当たらないようにする」ことが一番のポイントです（当たるとその瞬間に「レ」の音になります）。頭に小さく「ウ」の音を入れてから r を発音すると、言いやすくなる場合があります。なお、raise を「ライズ」（rise）と発音する間違いが多いので注意しましょう。

POINT

児童に手を挙げさせるのは、シンプルながらも、授業を活発化させるとても効果的な方法です。クイズや質問に対して、手を挙げて答えるよう指示するときは、Raise your hand. と言いましょう。raise は「〜を挙げる、上げる」という意味です。問いかけで児童の関心を引き、手を挙げるなどの「動作・行動」を通して児童の積極的・主体的な参加をうながします。

🗨 CONVERSATION

T : Let's talk about our favorite fruit. <u>Who likes apples the best?</u> Raise your hand.
C : (5人が手を挙げる)
T : Five people. OK. Who likes oranges the best? Raise your hand.
C : (9人が手を挙げる)
T : Wow, nine!

T : 一番好きな果物について話しましょう。リンゴが一番好きなのは誰？手を挙げてください。
T : 5人ですね。はい。オレンジが一番好きなのは誰？手を挙げてください。
T : わぁ、9人！

「一番好きな果物」（favorite fruit）をクラスに尋ねている場面です。Who likes 〜 the best? は「〜が一番好きな人は誰？」という意味です。その直後に Raise your hand. と挙手を指示し、人数を確認しています。Who 〜? → Raise your hand.（〜する人、手を挙げて）のフレーズは、こうして人数を確認したり、クイズに答えさせたりするときに便利です。セットで覚えておきましょう。

⚠ LEVEL UP

① Who 〜? Raise your hand. の応用

Who のあとに動詞を続けて、色々な場面で「〜の人、手を挙げて」と質問してみましょう。

❖ 朝食にパンを食べた人？手を挙げて。
→ Who <u>had bread</u> for breakfast? Raise your hand.
❖〈発表で〉最初にいきたい人？手を挙げて。
→ Who <u>wants to go</u> first? Raise your hand.
❖〈クイズで〉答えがわかる人？手を挙げて。
→ Who <u>knows the answer</u>? Raise your hand.

⚠ ワンポイント

児童が指示の意図をつかみやすいように、先生自身も手を挙げながらフレーズを言うと良いでしょう。

② hand を使った熟語

「手を挙げる」は raise your hand という熟語で表しますね。「手を下ろす」ならば <u>put down your hand</u> と言います。また、hand には「拍手」という意味もあり、Let's <u>give her a hand</u>. で「彼女に拍手を送りましょう」となります。

15 これがキホン！の指示

Track1-15

Any questions?
エニー クエスチョンズ
何か質問はありますか？

発音のコツ
questionsのような長めの単語は、アクセントをしっかりつけることで英語らしい発音になります。×「クエスチョンズ」→○「クエスチョンズ」。全ての音を同じ調子で読むのではなく、母音ue（ウェ）を思いっきり強調し、反対に他の部分は軽く添える感じで言ってみましょう。

POINT
アクティビティーの説明をしたあとや、授業終了時の振り返りなどで使える問いかけです（Do you have any questions? が省略された形）。手を挙げるジェスチャーをしながら言うと、児童は英文の意図が推測しやすくなります。

🔊 CONVERSATION

〈日本語または英語でゲームの説明をしたあとで〉
T：（手を挙げるジェスチャーをしながら）
　　Any questions?
C：先生、「消しゴム」って英語でなんて言うんですか？
T："Eraser"."消しゴム" is "eraser". Let's say it together. "Eraser".
C：（全員で）"Eraser".
T：何か質問はありますか？
T："eraser" です。「消しゴム」は "eraser" です。一緒に言いましょう。"eraser"。
C：（全員で）"eraser"。

児童が「消しゴム」の英語の言い方を尋ねている場面です。"eraser" と答えたあと、先生が Let's say it together.「一緒に言いましょう」の声かけで全員に復唱させています。なお、先生の返事に注目すると、一つのセリフの中で eraser を合計3回口にしていますね。加えて、児童にも発話させています。覚えてほしい表現は、こうして少しずつ形を変えながら繰り返し聞かせる（話させる）のが効果的です。

⚠ LEVEL UP

① 「質問」を大切に
「質問」は、アクティブな授業をつくる上で非常に大切な要素です。積極的な問いかけを通じて、児童が自分の考えや疑問を話しやすい習慣・雰囲気づくりを心がけましょう。

例
❖ ユウジくんは、どう思いますか？
→ What do you think, Yuji?
❖ 他に何か質問はありますか？
→ Any other questions?
❖ 良い質問ですね。→ Good question.
💡「質問することは良いこと」という意識を根付かせる声かけ

---

② ALTにもどんどん質問する
授業では「生徒代表」として、英語表現に関する質問をALTにも気軽に投げかけましょう。児童にとって、「わからないときはこう質問すれば良いんだ」という貴重なお手本となります。次の2つは、言えるようにしておきたいフレーズです。
❖ What does ○○ mean?
　○○とはどういう意味ですか。
❖ How do you say ○○ in English?
　○○は英語でどうやって言うのですか。

Theme 1. 子供のスイッチが入る！　あいさつと指示出し

16 これがキホン！の指示
Track1-16

リピート　アフター　ザ　スィーディー
Repeat after the CD.
CD のあとに繰り返してください。

発音のコツ

repeat は「繰り返す」という意味で、この文の最も大事な語ですね。大きな声でしっかりと発声しましょう。なお、なるべく repeato のように語尾に余計な o（「オ」）の音を入れないように注意してください。t は「息だけ」の音です。

POINT

語学学習は、基本的な流れとして「聞く」→「話す」の順番で進みます。まず発音や意味を聞いて理解したあとで、自ら口に出して定着を図ります。Repeat after ～. は、聞いた単語や表現を児童に自ら言わせる（繰り返させる）ための指示で、特に新出表現の導入時には大切な練習になります。

🔊 CONVERSATION

〈新しい表現の導入時に〉

T：Everyone, listen to the CD. What do you hear? Point at the picture.
　（CD を聞いて、聞き取ったものを指さす）
T：OK? Now, repeat after the CD.
　（CD を聞いて復唱する）

　T：みなさん、CD を聞きましょう。何が聞こえますか？絵を指さしてください。
　T：いいですか？それでは、CD のあとに繰り返してください。

新出単語の導入時を想定した会話です。Listen to ～. のあとに続く Point at ～. は「～を指さしてください」という意味です。指さしはマストではありませんが、自ら指を動かして意識を集中させることで、音声と絵（＝意味）が結びつきやすくなります。音声を確認したあとは、Repeat after the CD. と今度は児童に音声を繰り返すよう指示しています。先生自身もモデルとなって、児童と一緒に大きな声で復唱するようにすると良いでしょう。

❗ LEVEL UP

① **CD を他の語に置き換える**

もちろん CD だけではなく、ALT や先生自身のあとに復唱させることもできます。

❖ Repeat after Ms. Anne.
　「アン先生のあとに～」
❖ Repeat after me.「私のあとに～」

また、活動の内容によっては、児童のあとに復唱する場面もあるかもしれません。その場合は、Repeat after Kenta. のように指示しましょう。

お悩み Q&A

Q「私は発音が苦手なので、児童への影響が心配です。児童に復唱させて大丈夫ですか？」
A：心配しないでください。CD や ALT の先生を活用して、日頃から模範音声をたっぷり聞かせていれば、先生自身が完璧な発音でなくても問題ありません（本書「発音のコツ」にあるポイントを実践し練習していきましょう）。発音もとても大切ですがまずは、先生自らお手本となって「英語を話す姿を見せる」ことを意識してみてください。堂々と Repeat after me. と指示し、自らの口でたくさん英語を話しかけましょう。これは、児童の話す意欲を育てる上でも大切です。

029

17 これがキホン！の指示

● Track1-17

ターイム**ザ**ップ
Time's up.
時間です。

発音のコツ

Time's は Time is の短縮形で、「**ター**イムズ」と発音します。母音の i をしっかり伸ばしましょう。さらに、Time's up. の下線部をつなげると、「ターイム**ザ**ップ」のようになります。2語を一息でつなげるイメージで発音してみましょう。

POINT

アクティビティーの時間終了を知らせる定番表現です。up はここでは「上」ではなく、「終わって」という意味を表します。Time's up. を一つの慣用表現として覚えましょう。なお、同様の意味で It's time. と言うこともできます。

🗨 CONVERSATION

T：OK, now let's play "*karuta* game". Are you ready? Begin!
　↓（ゲームを開始）
T：OK, time's up! Good job.

　T：それでは、これから「カルタゲーム」をしましょう。みなさん用意は良いですか。はじめ！
　T：はい、時間です！よくできました。

‥‥‥‥‥‥‥‥‥‥‥‥‥‥‥‥‥‥‥

　ゲームを開始・終了するときは、いくつかの決まったフレーズを使い回すようにすると迷いがありません。Are you ready? Begin! は、ペアやグループ活動をいっせいに開始するときのかけ声です。大きな声で元気に活動を開始しましょう。時間になったら、Time's up! と終了を知らせ、その直後に Good job. と添えるのもオススメです。特別に素晴らしいことをしたわけではなくても、元気に活動に取り組む姿勢そのものを Good job! とほめることで、クラス全体にポジティブな雰囲気が生まれます。

❗ LEVEL UP

①時間を延長する

授業時間に余裕があり、アクティビティーを延長する場合は、次のような表現が使えます。

T：Do you need more time?
C：Yes.
T：OK. I'll give you two more minutes.
💡 I'll give you ～. で「～をあげましょう。」
T：もっと時間が必要ですか。
C：はい。
T：では、あと2分あげます。

‥‥‥‥‥‥‥‥‥‥‥‥‥‥‥‥‥‥‥

②終了を告げるその他のフレーズ

Time's up. や It's time. に慣れたら、状況に応じて以下のフレーズも使ってみてください。

❖ Are you finished? 終わりましたか。
💡 finished で「終了した」
❖ Please return to your seats.
　席に戻ってください。
💡 立って活動している場合のフレーズ。return は「戻る」
❖ Please stop working. 手を止めてください。
💡 stop ～ ing で「～することをやめる」

Theme 1. 子供のスイッチが入る！ あいさつと指示出し

18 これがキホン！の指示

Track1-18

クリーナップ　プリーズ
Clean up, please.
片づけてください。

発音のコツ

clean up は「クリーン・アップ」と 2 語を切り離すのではなく、clean up の下線部をくっつけて「クリーナップ」と 1 語のように読みましょう。「ナ」の音を強調し、一方で語尾の p はほとんど聞こえないくらい軽く発音すると、英語らしいメリハリが生まれます（p は息だけの音）。

POINT

授業の終了時に、児童に机や教室を片づけるように指示するときのフレーズです。clean up の 2 語で「きれいに掃除する、片づける」。up はここでは「完全に、〜し尽くす」の意味を表します。

🔊 CONVERSATION

〈最後の活動を終えて〉

T：OK, that's all for today. Clean up, please.
C：（片づける）
T：Good job. Did you enjoy today's activity?

T：それでは、今日はここまでです。片づけてください。
T：よくできました。今日のアクティビティーは楽しかったですか？

That's all for today. で活動の終了を告げ、先生が片づけるように指示しています。児童が片づけを終えると Good job. と一言ほめ、感想を尋ねて振り返りの時間に入ります。

CONVERSATION 出ている表現はいずれもシンプルなものですが、こうして会話の流れの中で「フレーズを組み合わせて使う」ことで、立派な Classroom English を話すことができます。

頭の中で場面をイメージしながら会話例を声に出して練習し、フレーズをつなげて会話を組み立てる力を少しずつつけていきましょう。

❗ LEVEL UP

① 〈Clean up＋目的語〉で対象を言う

「机を片づけてください」のように具体的に対象を言うときは、Clean up your desk. とそのまま目的語を続けます。教室がちらかっていて「部屋を片づけよう」と呼びかける場合は、Oh, the classroom is messy! Let's clean up the room. のように言います。

💡 messy は「（部屋などが）ちらかった」

---

② 「しまう」「戻す」の言い方

「〜をしまう」は put 〜 away、「〜を戻す」は put 〜 back と言います。put（置く）のあとに away（別の場所へ）や back（元の場所へ）を組み合わせて表現します。

❖ 自分の持ち物をしまってください。
→ Put your things away.
💡「別の場所へ置く」→「しまう」

❖ 机を元の場所に戻してください。
→ Put your desks back.

19 これがキホン！の指示

Track1-19

レッツ　ラーパップ
Let's wrap up.

（授業を）まとめましょう。

発音のコツ

wrap up の2語を「ラップ・アップ」と切り離すのではなく、「ラーパップ」と1語のようにつなげましょう。wrap up の下線部を「パ」と言ってしまうのがポイントです。「パ」にしっかりアクセントをつける一方で、up の語尾の p はほとんど聞こえないくらいの軽い息の音です。

POINT

授業の終了時間が近づき、最後のまとめ・振り返りに移るときのフレーズです。wrap（包む）＋up（完全に）で、「（授業を）完全に包む」→「終える、まとめる」となります。

● CONVERSATION

〈授業の終わりが近づいて〉
T：OK, let's wrap up. How was today's class?
C：楽しかった！
T：Good, you enjoyed it. What did you enjoy the most?
C：Go Fish ゲーム！
T：では、まとめましょう。今日の授業はどうでしたか？
C：楽しかった！
T：楽しくてよかった。何が一番楽しかったですか？
C：Go Fish ゲーム！

全ての活動が終わり、まとめ・振り返りに入る場面です。let's wrap up と切り出したあと、まず How was ～? と問いかけています。これは「～はどうでしたか？」と感想を尋ねるときの定番フレーズ。Let's wrap up. How was today's class? を授業終了時の決まった型として覚えておくと便利ですね。

問いかけに対して児童が「楽しかった」と答えると、さらに具体的な感想を引き出すべく What did you enjoy the most? と続けます。enjoy～the most で「～を一番楽しむ」。

❗ LEVEL UP

①振り返りの意義

授業の最後には、学んだことや良かったこと、うまくできなかったことなどを話し合う振り返りの時間をもちましょう（ゲームの結果発表や、互いの回答内容を紹介し合う時間とするのも良いでしょう）。振り返りの目的は、その日の活動内容を「整理・消化」することですので、無理に英語を使う必要はありません。導入の決まった問いかけ・指示だけ英語で言い、中身は日本語で話し合うことで授業がよりきれいにまとまるでしょう。

❗振り返りで使える問いかけ・指示

❖ Today's theme was ～.
　今日のテーマは～でした。
❖ How was today's class?
　今日の授業はどうでしたか？
❖ Did you enjoy it? 楽しかったですか？
❖ What did you enjoy the most?
　何が一番楽しかったですか？
❖ Any questions? 何か質問はありますか？
❖ Let's share our answers.
　お互いの回答を話しましょう。
❖ Please write today's "振り返り" sheet.
　今日の振り返りシートを書いてください。

Step Up Check ― 基礎編 ―

STEP1 30秒チャレンジ！

ここまで見てきた「あいさつ」と「指示出し」のフレーズをおさらいしましょう。実践でしっかり英語を使えるようになるために、ここでは「スピード」を上げる練習をします。ページ左側の日本語のセリフを見て、それに合う英語をパッと言えるか試してみましょう。10問を30秒以内で言えたらクリアです。

🕐 目標タイム：**30 秒**

STEP2 教室で使おう！

STEP1 の練習で自信をつけたら、ここからが本番。Classroom English を実際の授業中に児童の前で使ってみることが大切です。下記の 10 フレーズの中からまずは 2 フレーズ、次は 5 フレーズ、などと目標を決めて、使えたらチェックボックスにチェックを入れていきましょう。

▶ STEP2

❶ こんにちは、みなさん。調子はどうですか？　　Hello, everyone. How are you? (p.14) ☑

❷ 今日の天気はどうですか？　　How's the weather today? (p.17) ☑

❸ 今日は何曜日ですか？　　What day is it today? (p.18) ☑

❹ ゲームをしましょう。　　Let's play a game. (p.22) ☑

❺ こちらが今日のプリントです。　　Here's today's handout. (p.23) ☑

❻ 黒板を見てください。　　Look at the blackboard. (p.24) ☑

❼ 教科書の 30 ページを開いてください。　　Open your textbook to page 30. (p.26) ☑

❽ CD のあとに繰り返してください。　　Repeat after the CD. (p.29) ☑

❾ 時間です。　　Time's up. (p.30) ☑

❿ 今日はここまでです。　　That's all for today. (p.15) ☑

▶ STEP1
30 秒以内で言えた！ ☑

20 ALをうながす

Track1-20

Make groups.
メイク グループス
グループをつくってください。

発音のコツ
2語を完全に切り離して発音するよりも、Make groupsの下線部分を1語のようにつなげて発音してみてください（「メイクグループス」）。kとgは似た音同士で、それぞれをはっきりと発音すると少し言いにくいので、最初のkを半ば落として合体させるのがコツです。

POINT
アクティビティーで児童をグループ分けするときのフレーズです。具体的に「3つのグループ」などと数を指示したいときは、Make three groups. と数字をはさめばOKです。

🗨 CONVERSATION

T : OK, next, let's play "Count 20" game. まず、ルールを説明します（→日本語で説明）。…OK?
C : OK!
T : Good. Now make three groups. Three groups, please.

　T : では次に、Count 20 ゲームをやりましょう。まずはルールを説明します。…大丈夫ですか？
　C : はい！
　T : はい。それでは、3つのグループをつくってください。3つのグループです。

ゲームの説明をしたあとのOK?は、理解したかどうかを確認するときの基本表現。ゲームの意図やルールがきちんと全員に伝わったことを確認した上で、Now make three groups. と指示を出しています。また、その直後には、「3つ」を強調して Three groups, please. と繰り返しています。児童に覚えてほしい表現は、このように自然なコミュニケーションの中で"繰り返し触れさせる"のがポイントです。

❗ LEVEL UP

①グループの「人数」を指示する
「4人組のグループをつくってください」と人数を指示したいときは、Make groups of four. のように of～ を続けます。ペアの場合は、Make groups of two. または Make pairs. 。また、昼ご飯の班に分かれる場合は、Make lunch groups. と言いましょう。

② Make ～. の応用
Make ～. は列や円になってほしいときにも使えます。
- Make a line.　1列になってください。
- Make two lines.　2列になってください。
- Make a circle.　円になってください。
- Make two big circles.
　2つの大きな円になってください。

③机やイスを移動させる
グループに分かれる際、机・イスも一緒に移動させる場合は、Make groups of five. Move your desks and chairs. のように指示しましょう。

Theme 1. 子供のスイッチが入る！ あいさつと指示出し

21 ALをうながす

Track1-21

トーカバウリット　ウィスヨア　**パー**トナー
Talk about it with your partner.

パートナーと話し合ってください。

発音のコツ

こうした長めの文は「トーク・アバウト・イット・ウィス…」とリズムが単調になりがちです。よりメリハリのきいた英語らしい発音にするには、意味のまとまり（カタマリ）を意識しましょう。この文は、Talk about it / with your partner.（話し合ってください / パートナーと）という2つのカタマリでできています。よって、発音するときも「**トー**カバウリット / ウィスヨア**パー**トナー」のようにまとめて言います。

POINT

いわゆる「アクティブ・ラーニング」は、学習が「主体的」であると同時に「対話的」であることもポイント。このフレーズは、児童同士で話し合いながら活動させたいときに使える声かけです。talk about〜は「〜について話す」という意味。なお、ペア活動での「相手」のことは partner と言います。

💬 CONVERSATION

T：Look at page 20. Let's make a T-shirt for your friend. <u>Please make pairs</u>.
C：（ペアになる）
T：<u>What color do you like? What shape do you like?</u> Talk about it with your partner.

T：20ページを見てください。お友達のためにTシャツを作りましょう。ペアになってください。
T：何色が好きですか。何の形が好きですか。パートナーと話し合ってください。

友達にTシャツを作るアクティビティーを始める場面です。Let's make 〜. で活動を導入し、Please make pairs. の指示で児童にパートナーになってもらいます。そのあとで、児童に話し合ってほしい内容のお手本として What color [shape] do you like? と問いかけ、Talk about it 〜. と尋ね合うように指示しています。

❗ LEVEL UP

①ペア活動でよく使うフレーズ

左記の CONVERSATION で出たもの以外でよく使うフレーズをチェックしておきましょう。

❖皆さん、パートナーはいますか。
→ Does everyone have a partner?
❖パートナーに質問してください。
→ Ask your partner.
❖パートナーを変えてください。
→ Change partners.
❖役を交代してください。
→ Change roles.
💡 role：役割
❖新しいペアになってください。
→ Please make a new pair.
❖パートナーの回答を書き込みましょう。
　Write down your partner's answers.

035

22 ALをうながす

Track1-22

応用

レッツ プリ**ゼン**ティット トゥ ザ ク**ラー**ス
Let's present it to the class.
クラスに発表しましょう。

発音のコツ

present は、動詞の場合は「プリ**ゼン**ト」と後半の e にアクセントが来ることに注意しましょう（名詞の場合は「プ**レ**ゼント」）。また、class は母音 a をしっかり伸ばして発音してください。
×クラス　○ク**ラー**ス

POINT

チャンツやペア活動で表現にたっぷり慣れ親しんだあとは、その集大成として、クラスの前での発表にも挑戦してみましょう。このフレーズは、発表を導入するときの表現として使えます。present は名詞の場合は「贈り物、プレゼント」という意味ですが、動詞の場合は「発表する、見せる」です。Let's present it / to the class.（発表しましょう / クラスに）のカタマリでとらえましょう。

💬 CONVERSATION

〈"夢の時間割" を作る活動で〉
T：OK, is everybody finished?
C：Yes.
T：Good. Then let's present it to the class. Which group wants to go first?
　（各グループが順番に発表）
T：Great job, everybody!

　T：それでは、みなさん終わりましたか？
　C：はい。
　T：良いですね。では、クラスに発表しましょう。どのグループが先にいきますか？
　T：みなさん、よくできました！

「夢の時間割」を作り終え、これからクラスの前で発表を行うという場面です。Is everybody finished? でクラス全員が活動を終えたことを先生が確認すると、Which group wants to go first?（最初にいきたいグループは？）と発表の順番について問いかけます。希望者がいない場合は、Group A, please go first. のように指示すると良いでしょう。また、最後は Great job! などのポジティブな言葉で気持ち良く締めましょう。

❗ LEVEL UP

① 発表でよく使うフレーズ

発表を行う際の指示の英語を確認しておきましょう。いずれも短くてシンプルなものです。ぜひ次の発表の機会に使ってみてくださいね。

❖ A グループからどうぞ。
→ Group A, please go first.
❖ 前に出てきてください。
→ Come to the front.
❖ 大きな声でね！
→ In a nice, big voice!
❖ みなさん、聞いてください。
→ Everybody, listen.

📝 Column 発表の成功体験

英語は、人に聞いてもらってこそコミュニケーションツールとしての価値を実感できますね。相手に通じたという経験が英語表現の習得を促進し、また「自信」や「やる気」へとつながります。発表のみならず、日頃から児童に実演をお願いしたり、活動中にさりげなく児童やグループをお手本として紹介するなどして、「英語を聞いてもらう機会」をたっぷりつくってあげてください。

Theme 1. 子供のスイッチが入る！ あいさつと指示出し

23 ALをうながす

Track1-23

Any thoughts?
エニー　ソーッ

何か考えはありますか？

発音のコツ

thoughts の th を s のように発音しがちですので注意しましょう（「ソート」）。th は舌の先を上下の歯の間から出した状態で（上の前歯を舌に軽く当てた状態）、息を勢いよく吐き出して発音します。舌の先を「相手に見えるくらい」出すことがポイントです。舌が十分に出ていないと「ソ」(s) の音になってしまいます。

POINT

クラスメイトの発言や発表に対して、別の児童に感想や意見を求めるときのフレーズです（Do you have any thoughts? の省略）。any は「何か」、thought は「意見、考え」。フレーズを言うと同時に手を挙げるしぐさをすれば、「感想がある人は手を挙げて言ってね」という意図が伝わりやすくなります。クラス全体に対しても、特定の児童に対しても使えます。

💬 CONVERSATION

〈"夢の時間割"の発表で〉

T：（Aグループが発表を終えて）Good job, Group A! Music and P.E. are popular in your group. Everyone, any thoughts about their class schedule?

C：ユキちゃんの時間割、家庭科が3コマ連続で続いてる！

T：Yuki, you really love Home Economics!

- T：Aグループ、よくできました！あなたたちのグループは音楽と体育が人気ですね。みなさん、彼らの時間割について何か考えはありますか？
- C：（発言）
- T：ユキさんは家庭科が大好きなんですね！

発表に対して先生が Music and P.E. are popular ～. と感想・コメントを述べたあとに、Any thoughts about ～? の形でクラスに問いかけています（about は「～について」）。児童が日本語で答えると、その内容を受けて Yuki, you really love ～! と英語で簡単なコメントを加えます。

❗ LEVEL UP

① **Any ～? で質問やアイディアを募る**

Any のあとの名詞（複数形）を置き換えることで、色々なことについて「何か～はありますか？」と聞くことができます。

❖ Any questions? 何か質問はありますか？
❖ Any ideas? 何かアイディアはありますか？
❖ Any comments?
　何かコメント（思ったこと）はありますか？
💡 Any thoughts? とほぼ同じ意味です。

② **英語で感想・コメントを返す**

児童の発言に対して、一言英語でコメントを返せると楽しいですね。あいづちのバリエーションは色々ありますが、まずはシンプルに Good ～!「良い～ですね」や That's ～!「それは～ですね」だけでも十分生きたやりとりが楽しめます。

❖ Good question! 良い質問ですね！
❖ Good idea! 良いアイディアですね！
❖ Good point! 良い指摘ですね！
❖ That's interesting. それは面白いですね。
❖ That's true.
　〈同意を表して〉そうだね。／本当だ。

24 ALをうながす

Track1-24

ホゥ ノウズ ディ アーンサー
Who knows the answer?

誰が答えをわかりますか？（→答えがわかる人？）

発音のコツ
WHO KNOWS the ANSWER? とメリハリをつけて発音しましょう（大文字の単語を強調）。the answer の部分は、the を「軽く、短かく」言うのが英語らしいリズムを生み出すコツです。「ザ・アンサー」と均等に言うのではなく、「ディ**アーン**サー」と answer をしっかり強調しましょう。

POINT
クイズで児童に回答させたいときのフレーズです。手を挙げながら呼びかけることで、「答えがわかる人は手を挙げて言って」という指示になります。

🔊 CONVERSATION

T : Let's do "Three Hints" quiz. Today's theme is fruits and vegetables.
   （3つのヒントを出す）
T : Who knows the answer?
C : はい、トマト！
T : Close! It's not tomato. Anybody else?

T :「スリーヒントクイズ」をやりましょう。今日のテーマは果物と野菜です。
T : 答えがわかる人？
C : はい、トマト！
T : 惜しい！トマトではありません。他にわかる人？

クイズのヒントを出したあと、Who knows 〜? の形で回答を呼びかけています。児童が「トマト！」と誤った回答をすると、すかさず Close! と返します。回答が間違っている場合は、直接的に No. と言うよりは、こうして Close!「惜しい！」や Nice try!「ナイストライ！」といった前向きな言葉で返しましょう。続く Anybody else? は「他にいますか？」という意味で、別の児童から回答を引き出すためのフレーズです。積極的な声かけで、たくさんの児童を巻き込んでいきましょう。

⚡ LEVEL UP

① Who knows 〜? の応用
Who knows のあとの the answer を別の単語に変えることで、色々なことについて「〜をわかる人？」と尋ねることができます。

❖ Who knows this animal?
   この動物が何かわかる人？
❖ Who knows this fruit?
   この果物が何かわかる人？
❖ Who knows what "sunflower" means?
   "sunflower" の意味がわかる人？

②特定の児童を当てるときのフレーズ
Who knows 〜? でクラス全体に問いかけたものの誰も手を挙げない場合は、特定の児童に声をかけてみるのも良いでしょう。名前を最後に添えると誰に質問しているかはっきりし、温かく問いかける感じにもなります。

❖ Do you know this animal, Yuji?
   ユウジ、この動物はわかりますか？
❖ What do you think this is, Emi?
   エミ、これは何だと思いますか？

Theme 1. 子供のスイッチが入る！　あいさつと指示出し

25 アクティビティーで使える！

Track1-25

Do you remember
ドゥ**ユー**　リ**メ**ンバー

yesterday's chant?
イェスタデイズ　チャーント

昨日のチャンツを覚えていますか？

発音のコツ Do you remember / yesterday's chant?（覚えていますか / 昨日のチャンツを）という2つのカタマリを意識すると発音しやすいでしょう。それぞれのカタマリの最後は上がり調子で発音します（... remember↗ / ... chant?↗）。また、「チャンツ」は chant<u>s</u> ではなく、単数形の chant である点に注意しましょう。

POINT

メインの活動を行う前に、復習として前時の活動をおさらいしたいときは、Do you remember ～?「～を覚えていますか」の問いかけが便利です。昨日行ったチャンツを復習したい場合は、Do you remember yesterday's chant? と言います。

🗨 CONVERSATION

T： Today, we're going to do the "Black Box" quiz. First, let's warm up. <u>Do you remember yesterday's chant?</u>

C： はい！ "What's this?"

T： Good. <u>Here we go.</u>

　T： 今日は「ブラックボックスクイズ」をやります。まずは、ウォーミングアップをしましょう。<u>昨日のチャンツを覚えていますか</u>。

　C： はい！ What's this? です。

　T： 良いですね。<u>では、始めます</u>。

Today, we're going to ～.「今日は～します」とメインの活動を紹介したあとで、おさらいとして、First, let's warm up. Do you remember ～? と前回のチャンツを導入しています。「今日の活動の紹介」→「前回のおさらい」という流れは一つの型としてもっておくと便利です。なお、最後の Here we go. は「それでは、行きますよ」（→始めます）という意味で、開始にあたって心の準備をうながすフレーズです。Let's begin. と似たように使えます。

❗ LEVEL UP

①「前回のおさらい」と「今日の活動」をセットで

　左記の Do you remember ～? 以外に、Last time, we did ～. Today, let's do ～.「前回は～しましたね。今日は～しましょう」の流れで活動を導入することもできます。2フレーズをセットで言えるようにしておきましょう。

例
Last time, we did the "Crash" game. Today, let's do the "Line" game.
（前回は「クラッシュゲーム」をしましたね。今日はラインゲームをしましょう。）

②次の授業の予告

　授業終了時に、次の授業でやることを紹介したいときは、Next time, ～.「次回は、～」と切り出しましょう。未来のことなので未来表現 will（または be going to）を使います。前回・今回・次回にやることを整理することで、「授業で何をしようとしているのか」が理解しやすくなります。

例
Next time, we will write a message card.
次回はメッセージカードを書きます。

26 アクティビティーで使える！

Track1-26

ハーウメニー　ポインッ
How many points?
何点とれましたか？

発音のコツ
How many は「いくつの〜？」と数をたずねるときに使う表現です。How many のあとに「点数」を表す points（複数形）を続けることで、How many points「いくつの点数？」（→何点）となります。この3語を1つのカタマリと考えて、一息で発音しましょう。

POINT
アクティビティーが終わったら、みんなで結果を発表したり、活動を振り返ったりする時間をもちましょう。点数を競うアクティビティーの場合は、How many points? のフレーズで得点を発表してもらうことができます。💡 How many points did you get? を短くした形です。

💬 CONVERSATION

〈点数を競うアクティビティーが終わって〉
T：OK, time's up. Group A, how many points?
Group A：Four.
T：Good. How about Group B and C?
Group B：Three.
Group C：Five!

　T：はい、時間です。A グループ、何点とれましたか？
Group A：4点です。
　T：良いですね。では、B グループと C グループはどうですか？
Group B：3点です。
Group C：5点です！

グループごとに呼びかけて、得点を確認しています（「A グループ」は、英語では Group A と先に Group を言います）。3行目の How about 〜? は、「（直前の内容を受けて）それでは、〜はどうですか？」と話を展開させる表現です。ここでは、A グループの回答（「4点」）を受けて、「では、B グループと C グループはどうですか」と話を振っています。

❗ LEVEL UP

① 勝敗を発表する
左の CONVERSATION では、C グループが勝者ですね。このとき、Group C wins!「C グループが勝ちです！」や Congratulations!「おめでとう！」などと大きな声で称えると児童は喜ぶでしょう。「2位」は Second place is Group A!、「同点」は It's a tie! のように言います。

❗ ワンポイント
勝敗を決めることで活動が盛り上がることも多いですが、競争にこだわり過ぎない工夫・配慮も大切です。ゲームの目的は、あくまでも英語表現に慣れ親しむこと、自然なコミュニケーションの機会を与えることです。言語使用の「過程」や「体験」そのものによって習得が進むのだということを、心に留めておきましょう。

Theme 1．子供のスイッチが入る！　あいさつと指示出し

27 アクティビティーで使える！

Track1-27

Any volunteers?
エニー　ヴォーランティアーズ

誰かやってくれる人はいますか？

発音のコツ

日本語の「ボ**ラン**ティア」と違い、英語は前半のoと後半のeeを強調して「**ヴォー**ラン**ティアー**」という感じで発音します。英語がカタカナ語になっている場合は、こうして強調する箇所が異なることがよくあります。CDやDVDで正しい発音を確認する習慣をつけていきましょう。

POINT

新しい活動やゲームを行う際は、英語のやりとりを児童の前で「実演」することでわかりやすく伝わりますね。実演は、必ずしもALTの先生と行わなくてはならないわけではありません。たとえば、前時の復習をしたい場合は、児童と一緒に行うのも効果的です。今回のAny volunteers? は、児童に参加を募るときの表現として使えます。

💡 volunteer（ボランティア）は、「（報酬なしに）何かをすることを自ら申し出る人」という意味です。

🗨 CONVERSATION

〈前時に扱ったやりとりの実演・復習〉

T：First, let's review yesterday's phrase. I'll do a demonstration. I need one partner. Any volunteers?

C：Me!

T：Thank you, Mika. Please come to the front.

　T：まず、昨日のフレーズを復習しましょう。実演します。一人パートナーが必要なのですが、誰かやってくれる人はいますか。

　C：私やります！

　T：ミカ、ありがとう。前に来てください。

　メインの活動を行う前に、前時で扱った基本表現をおさらいしている場面です。「実演する」（＝デモンストレーションを行う）は、do a demonstration（またはdemonstrate）です。続けて、I need one partner. と状況を説明した上で、Any volunteers? と児童に呼びかけています。Me! とミカが応じると、先生はPlease come to the front. とクラスの前へ案内します（💡呼び寄せるジェスチャーをつければ、このフレーズを聞くのが初めてでも児童は大体意味を推測できるでしょう）。

❗ LEVEL UP

①**関連表現**

　左の場面では、次のようなフレーズも使えます。

❖ I need three volunteers.
　3人にやってほしいんですが。

❖ Who wants to try?
　誰かやってみませんか？

💡 want to try で「やってみたい」

❖ Raise your hand.
　（やりたい人は）手を挙げてください。

💡 raise は「～を挙げる」

②**励ますフレーズ**

　実演を行う児童が緊張して固くなっている場合は、次のフレーズで明るく励ましてあげましょう。

❖ Don't worry. 心配しなくて良いよ！

❖ It's OK to make a mistake.
　間違えたって良いんだから。

💡 make a mistake で「間違える」

❖ Don't be shy!
　恥ずかしがらなくて良いんだよ！

❖ You can do it! やればできるよ！

041

28 アクティビティーで使える！

Track1-28

Change roles.
チェインジ ロールズ
役を交代してください。

発音のコツ change は、「チェンジ」というよりは、「チェインジ」と「イ」の音を入れて発音しましょう。また、role は、日本人が苦手とされる r と l が含まれます。ポイントは r の方です。舌が上あごに当たると「ロ」という日本語の音になってしまいますので、「舌をどこにも当てずに」発音することを意識してみてください。最初に小さい「ゥ」の音を入れると、発音しやすくなるでしょう。

POINT

児童同士でチャンツやインタビューなどの活動を行う際、「聞く役」「答える役」などと役に分かれることがありますね。Change roles. は、児童に役を交代させたいときに使える指示です。change は「変える」、role は「役」という意味です。💡役割は複数あるので、複数形 roles に

🔴 CONVERSATION

〈2 グループに分かれてチャンツを練習〉

T：First, <u>Group A says "What's this?" Group B says "It's a 〜."</u> OK?
（チャンツを行う）

T：Great! Next, change roles. Now Group B says "What's this?" Group A says "It's a 〜."

　T：まず、<u>A グループが What's this? と言います。B グループは It's a 〜. と言います。</u>良いですか？

　T：良いですね！次に、役を交代してください。今度は B グループが What's this? と言います。A グループは It's a 〜. と言います。

「Hi, friends! 1」p.30 で出てくる"What's this?" チャンツを練習する際のやりとりです。2 つのグループに分かれた児童に対して、先生が Group A says 〜. / Group B says 〜. と役を指示しています。後半では、change roles と役を交代させ、同様のフレーズで指示を出しています。

❗ LEVEL UP

① **「順番」に関わる表現**
　「順番」を指示する英語も活躍します。
❖ It's your turn, Rie. リエ、あなたの番ですよ。
💡 turn は「順番」
❖ You're next, Daisuke. 大介、次はあなたです。
❖ Whose turn is it? 誰の番ですか。

② **色々な「質問」と「返事」**
　「Hi, friends! 1」では、左で紹介した What's this?—It's a 〜. のほか、様々な質問と返事のパターンが出てきます。チャンツやアクティビティーを行う上で必要な基本表現を、以下で確認しておきましょう。
❖【いくつ？】→ How many dogs〜? —Three.
❖【好き？】
→ Do you like 〜? —Yes, I do. / No, I don't.
❖【何が好き？】
→ What 〜 do you like? —I like 〜.
❖【何の科目を勉強する？】
→ What 〜 do you study? — I study 〜.
❖【何がほしい？】
→ What do you want? — 〜, please.
❖【ご注文は？】
→ What would you like? — I'd like 〜.

Theme 1. 子供のスイッチが入る！　あいさつと指示出し

29 アクティビティーで使える！

● Track1-29

チューズ　ワン
Choose one.
一つ選んでください。

発音のコツ

chooseu と語尾に余計な母音の u の（「ウ」）音を入れないように注意しましょう。語尾の s は [z] の音です。chOOse のように母音を強調するようにすると、語尾が相対的に軽くなり、全体のリズムが良くなります。

POINT

choose は「選ぶ」という意味の動詞です。カードの束から１枚抜き取らせたり、イラストの中のものを一つ選ばせたりするときの指示として使えます。Choose one card. のように名詞を続けても OK です。なお、日本語の「チョイスする」（＝選ぶ）につられて I choice this. などと言う人がたまにいますが、choice は「名詞」（＝選ぶこと、選択）ですので、これは誤りです。

🔊 CONVERSATION

〈「アルファベットビンゴ」の説明で〉

T：OK, everyone. Let's play "Alphabet Bingo". First, choose nine cards. Nine.
C：OK.（9枚選ぶ）
T：Next, spread out the cards. Three by three.
C：OK.（机に並べる）

T：それでは、みなさん。アルファベットビンゴをやりましょう。まず、9枚カードを選んでください。9枚です。
C：はい。
T：次に、カードを広げてください。3×3です。
C：はい。

カードゲーム（「アルファベットビンゴ」）を行うにあたり、児童にカードを選んでもらって、机に並べさせています。4行目の spread out は「広げる」という意味です。また、続く Three by three. は、「3×3」という配置を表します。これらの表現は児童にとって難しいと感じるかもしれませんが、先生がジェスチャーを用いて説明すれば、意外にすんなり理解してくれるでしょう。柔軟に日本語訳も添えながら、生きたインプットをたくさん与えていきましょう。

⚠️ LEVEL UP

①カードゲームで使うフレーズ

カルタやビンゴなど、カードを使ったゲームでは、次のフレーズが活躍します。少しずつレパートリーを増やしていけると良いですね。

❖ **Spread out the cards.**
カードを広げてください。
❖ **Mix the cards.** カードを混ぜてください。
❖ **Turn over the card.**
カードを裏返しにしてください。
💡 turn over〜で「〜を裏返す」
❖ **Don't look [touch] .**
見ないで［触らないで］ください。

------

②ワークシートで使うフレーズ

カードゲームのほか、書き込み式のワークシートを使うこともありますね（ビンゴやインタビューゲームなど）。何かを書かせるときは、次のように指示します。

❖ **Write your name.** 名前を書いてください。
❖ **Write your friend's answers.**
お友達の回答を書いてください。
❖ **Write subjects in the squares.**
四角の中に科目を書いてください。

043

30 アクティビティーで使える！

Track1-30

応用

ケ**ナー**イ ジョーイン
Can I join?

先生も（私も）参加して良いですか？

発音のコツ

Can I は「キャン・アイ」と区切って発音するのではなく、「ケ**ナー**イ」と一語のように言いましょう。「語尾が子音」（Ca<u>n</u>）＋「次の単語の1文字目が母音」（<u>I</u>）の場合は、こうして音がつながります。「n の音を I にくっつける」ようなイメージで発音しましょう。

POINT

アクティビティーをしているグループに自分もまぜてもらうときのフレーズです。Can I は「〜して良いですか？」と許可を求めるときの会話表現。Can I のあとに自分がしたいことを続けます。ゲームに参加させてほしい場合は、「参加する、加わる」という意味の join を続けます。

🔴 CONVERSATION

〈ジェスチャーゲームで〉

T：（グループに歩み寄って）<u>Looks like fun.</u>
　　<u>Can I join?</u>
C：OK!
　　（ゲームが終わって切りの良いところで）
T：<u>That was fun! Thank you.</u>

　T：楽しそうね。先生も仲間に入れて（参加して良い？）。
　C：いいよ！
　T：楽しかった！ありがとう。

　ジェスチャーゲームをしているグループに先生が声をかけてまぜてもらう場面です。(It) looks like 〜．「（それは）〜のように見える」は、何かを見た感想・印象を伝えるときの表現です。fun「楽しいこと」を続けると、「それは楽しいことのように見える」（→楽しそう）という意味になります。また、ゲームを終えてから、先生が That was fun! Thank you. と「感想＋お礼」を言っている点も参考にしたいですね。

❗ LEVEL UP

① Can I 〜? の応用

　Can I のうしろに色々な動詞を続けて、「〜しても良い？」と児童に働きかけてみましょう。

❖ Can I <u>sing</u> with you? 一緒に歌っても良い？
❖ Can I <u>see</u> your drawing?
　あなたの絵を見ても良い？

❗ ワンポイント

　<u>May I 〜?</u> とすると、目上の人などとの会話で使う丁寧な表現になります。先生が児童に向かって話すときは Can I 〜?、児童が先生に向かって話すときは May I 〜? を使うと良いでしょう。

---

② Can I 〜? と Can you 〜? の違い

　使い分けのポイントは主語です。Can I は I が主語なので、<u>自分が何かをしたい状況で</u>「〜しても良い？」と許可を求める表現です。一方で、Can you は主語が you。相手に何かしてほしい場合に使う依頼表現です（〜してくれませんか）。

例

〈ALT に対して〉実演をしてくれませんか？
<u>Can you</u> give a demonstration?

Step Up Check — 応用編 —

STEP1 30秒チャレンジ！

応用編で見てきた「ALをうながす」「アクティビティーで使える！」フレーズをおさらいしましょう。基礎編と同様、スピードを高めることが肝心です。ページ左側の日本語のセリフを見て、それに合う英語をパッと言えるか確認してみましょう。10問を40秒以内で言えたらクリアです。

🕐 目標タイム：40秒

STEP2 教室で使おう！

STEP1の練習で自信をつけたら、ここからが本番。Classroom Englishを実際の授業中に児童の前で使ってみることが大切です。下記の10フレーズの中からまずは2フレーズ、次は5フレーズ、などと目標を決めて、使えたらチェックボックスにチェックを入れていきましょう。

▶ STEP2

❶ 昨日のチャンツを覚えていますか？　　Do you remember yesterday's chant? (p.39) ☑

❷ 3人組のグループをつくってください。　Make groups of three. (p.34) ☑

❸ 役を交代してください。　　Change roles. (p.42) ☑

❹ 何点とれましたか？　　How many points? (p.40) ☑

❺ （クイズで）答えがわかる人？　　Who knows the answer? (p.38) ☑

❻ パートナーとそれについて話し合ってください。　Talk about it with your partner. (p.35) ☑

❼ それをクラスに発表しましょう。　　Let's present it to the class. (p.36) ☑

❽ （協力者を募って）誰かやってくれる人はいますか？　Any volunteers? (p.41) ☑

❾ 何か考えはありますか？　　Any thoughts? (p.37) ☑

❿ 私も参加して良いですか？　　Can I join? (p.44) ☑

▶ STEP1
40秒以内で言えた！ ☑

045

Theme 2

子供がもっとチャレンジできる！ほめ方・うながし方

基礎編	p.048
Step Up Check─基礎編	p.058
応用編	p.059
Step Up Check─応用編	p.069

Theme2. では、「ほめる、励ます、注意をうながす」3タイプの声かけを扱います。"Good job!" などの日常生活でもよく耳にするフレーズから、「(あなたの)"こんなところが"素晴らしい！」といった具体的な「ほめ言葉」で、子供の意欲をもっとUP! していきましょう。

Wow, you noticed !

A little louder.

1 ほめる！

Track2-01

Good! グッド

じょうず！

発音のコツ

日本語の「グッド」につられて、Goodoと語尾に余計な母音（o）の音を入れてしまわないように注意しましょう。「グッド」は2拍ですが、英語のgoodはあくまでも1拍ですね。最初の「グ」の音を力強く発音し、そのあとに[d]の音を軽く添えるようにすると、英語らしい響きになります。

POINT

あらゆる場面で使える、最も一般的なほめ言葉です。児童が上手に英文を口にしたり、質問に正解したときなどに、「じょうず！」「いいね！」といった感覚で使いましょう。

🔊 CONVERSATION

〈単語の発音練習で〉

T：OK, everyone. Repeat after me. "Basketball".
C："Basketball".（児童が復唱する）
T：Good!

T：それでは、みなさん。私のあとに繰り返してください。"basketball"。
C：（復唱）
T：じょうずですね！

ほめ言葉には色々なバリエーションがありますが、まずはGood! の一言で大体の場面はクリアできます。Very good! のようにveryをつけると、「すごくじょうず！」「素晴らしい！」と意味が強まります。上記以外でも、たとえば次のような場面で使えます。

❖ 質問に正解した児童に → Good!
❖ 歌やチャンツを元気に歌い終えたクラスに
→ Good!
❖ アクティビティーに積極的に取り組んでいるペアやグループに → Very good!

❗ LEVEL UP

① Good! 以外のバリエーション

Good!（Very good!）を使うことに慣れたら、次の表現にも挑戦してみると良いでしょう。下にいくにつれて意味が強まります。

❖ Great! 素晴らしい！
❖ Excellent! とても素晴らしい！
❖ Perfect! 完璧！

② 何をほめているかを具体的に言う

上記のほめ言葉のあとに「名詞」を続けると、具体的に「何をほめているか」を伝えることができます。

❖ Good <u>answer</u>! 良い答えだね！
❖ Great <u>gesture</u>!
　すごく良いジェスチャーだね！
❖ Excellent <u>question</u>!
　とても素晴らしい質問だね！
❖ Perfect <u>demonstration</u>!
　完璧に実演してくれたね！

⚠️ ワンポイント

自分の行為をその場で具体的にほめられることで、児童にとって一つの印象的な成功体験となり、自信につながります。はっきりと大きな声でほめてあげましょう。

Theme 2. 子供がもっとチャレンジできる！ ほめ方・うながし方

2 ほめる！

Track2-02

Good job.
（グッジャーブ）

よくできました。

発音のコツ

「グッド・ジョブ」と2語を切り離して読むのではなく、「**グッジャーブ**」と一語のようにつなげましょう。goodの語尾のdはほとんど発音せず、代わりに「間」を入れるようにすると滑らかになります。また、jobは「ジョブ」ではなく、「ジャーブ」と口を縦に大きく開き、母音を伸ばして発音しましょう。

POINT

アクティビティーや発表の終わりなどに、最後までやりとげたことを称える言葉です。力強い声で児童のがんばりをほめ、気持ち良く活動を締めくくりましょう。

🗨 CONVERSATION

〈グループがクラスの前で発表を終えて〉
T : Good job! You did very well!
T : よくできました！とても良かったですよ！

2-1（p.48）で紹介したフレーズ Good. は、児童がアクティビティーに取り組んでいる最中に「上手、その調子だよ」と励ます言葉としてよく使います。一方で、Good job. は、アクティビティーを「やり終えた」ときに使います。上記の場面例では、クラスの前で発表をし終えた児童のグループに対して、この言葉をかけています。

なお、このとき、同時に拍手もすると、児童は Good job! の意味がつかみやすいでしょう。クラスの他の児童たちにも拍手をするよううながしたいときは、Good job! Everyone, give them a hand.（よくできました！みなさん、彼らに拍手を送りましょう）と言います。

❗ LEVEL UP

① Good job! のほかの使用例

❖ 児童が書き込んだワークシートを見て
→ Can I see your worksheet? OK, good job.
ワークシートを見せて。うん、よくできたね。

❖ アクティビティーや授業の終了を知らせるとき
OK, it's time, everybody! Good job!
はい、みなさん、時間です！よくできました！

② 児童と喜びを分かち合うフレーズ

Good job! は、活動ができた児童を称え、一緒になって喜ぶようなとても温かみのあるフレーズです。似た使い方ができるフレーズとして、次のものもあります。

❖ You did it! できたね！
💡 特に困難なことをやりとげたときに
❖ Way to go! よくやった！
💡 You did it! Way to go! のように使えます。発音は「**ウェ**ィル**ゴ**ウ」
❖ You were great! 素晴らしかったよ！
💡 クラスの前で発表や実演をしたあとに

3 ほめる！

Track2-03

That's correct!
ザッツ コレクト

正解です！

発音のコツ

correct の語尾は ct と子音が連続します。correcuto とそれぞれに余計な母音が入ってしまうとカタカナ語に聞こえてしまいますので、注意しましょう。c と t はそれぞれ「息だけの音」です。

POINT

児童がクイズなどで正解したときに使うフレーズです。correct は「正しい、間違いがない」という意味。That's right. という言い方もできます。

CONVERSATION

〈果物のスリーヒントクイズを出題して〉
T：Red. Round. Sweet.
C：Apple!
T：That's correct!

T：赤いです。丸いです。甘いです。
C：リンゴ！
T：正解です！

スリーヒントクイズで先生がヒントを出している場面です。児童が Apple! と言い当てると、先生はすかさず That's correct! と正解を知らせます。場を盛り上げるように、大きな声で元気よく言いましょう。

なお、2-1（p.48）で取り上げたほめ言葉と組み合わせて That's correct! Very good! や That's correct! Excellent! などと言うのもオススメです。こうしてなじみのある単語同士を組み合わせることで、表現の幅がぐっと広がります。また、児童にとっても、既知の単語を新しい組み合わせで聞くことで、「こういう風に使うんだ」という知識が無意識のうちに増え、語感が育まれていきます。

LEVEL UP

①「正解！」のほかの言い方

correct 以外で、次の表現で正解を知らせることもできます。慣れて余裕が出てきたら、これらでバリエーションを出すのも良いでしょう。

❖ Bingo! ビンゴ！
💡正解したときに言う「ピンポン！」に近い表現
❖ That's it! それです！
💡 it（それ）とは「正しい答え」のこと

High-level　correct と right の使い分け

どちらも「正しい」を表すのに使えますが、correct は客観的な事実・基準に基づき「正しい、間違いがない」という意味で使うのに対して、right は個人の判断や一般通念として「正しい」という意味で使う場合が多いです。ALT の先生との会話を想定した次の例文で、違いを確認しましょう。

❖ Class starts at 10:20, right?
　—That's correct.
　授業は 10:20 に始まるんですよね？
　—はい、そうです。
💡客観的な事実として「正しい」

❖ Today's activity was a little difficult.—You're right. 今日のアクティビティーは少し難しかったですね。—そうですね。
💡主観的な判断として「正しい」と思う

Theme 2. 子供がもっとチャレンジできる！ ほめ方・うながし方

4 ほめる！

Track2-04

Thank you for helping.
サンキュー　フォ　ヘルピング

手伝ってくれてありがとう。

発音のコツ

thank の th は、カタカナで表すと「サ」になりますが、実際は舌の位置が異なります。「サ」は舌が"口の中"に入った状態で発音しますが、th は"舌の先を口から出す"のがポイントです。上下の歯の間から舌先をのぞかせた状態で、息を勢いよく吐き出すようにして発音しましょう。

POINT

「ありがとう」は誰が言われてもうれしい言葉ですね。児童がアクティビティーの実演をしたり、積極的に片づけるなどして協力してくれたときには、Thank you と感謝を伝えましょう。感謝の言葉は、児童の行動を肯定する最高のほめ言葉です。

💬 CONVERSATION

〈先生と児童がアクティビティーを実演〉
T：Yuki, can you give a demonstration with me?
T&C：（実演する）
T：（クラスに確認して）Everyone, OK?
C：Yes.
T：Good. Thank you for helping, Yuki.
　T：ユキ、私と実演をしてくれますか？
　T&C：（実演する）
　T：みなさん、わかりましたか？
　T：はい。ユキ、手伝ってくれてありがとう。

1行目では、Can you ～? の形でユキ（児童）にアクティビティーの実演をお願いしています。実演を終えてクラスに向けて Everyone, OK? と理解できたことを確認したあと、Thank you for ～. とユキにお礼を言って実演が終了します。

相手にお礼を言う（またはほめる）ときは、何に対して言っているのかが児童にきちんと伝わるように、こうして "その場" で言うようにしましょう。

⚠ LEVEL UP

① Thank you for ～ing. の例文

今回のフレーズにあるように、Thank you のあとに for ～ ing を続けることで、「～をしてくれてありがとう」と具体的に何に対して感謝しているのかを伝えることができます。for helping なら「手伝ってくれてありがとう」の意味ですね。他にもいくつか例を見てみましょう。

❖ テキパキと片づけをしてくれた児童に
→ Thank you for cleaning up quickly.
❖ 元気にチャンツを歌って授業を盛り上げてくれた児童に
→ Thank you for singing the chant so well!

② 注意する場合は Please don't ～.

Thank you は、児童の行動に対して「それは良いことだ（今後もそうしてね）」というメッセージを送ります。反対に、ある行いに対して「それはしないで」とやめさせたいときは、Please don't ～. と言いましょう。

❖ Please don't do that. それをやめて。
❖ Please don't throw things. 物を投げないで。
❖ Please don't be mean.
　意地悪なことをしないで〔言わないで〕。

051

5 励ます！

Track2-05

Close!
クロウス

惜しい！

発音のコツ

close は動詞（～を閉じる）の場合は「クロウズ」と s が濁りますが、形容詞（近い）の場合は濁りません。なお、語尾には、close**u** と余計な母音 u の音（「ウ」）が入らないように気をつけましょう。

POINT

児童がクイズに答えたものの答えが間違っている場合には、真っ向から否定するよりも、なるべく前向きな言葉を返してあげたいものですね。答えが惜しい場合には、Close! が便利です。close は「（距離が）近い」という意味で、「正解に近い」ことから「惜しい」という意味を表します。

CONVERSATION

〈シルエットクイズで〉
C：（児童がシルエットを見て）Cat!
T：Close! Try again!
C：んー。A dog!
T：That's correct!

C：ネコ！
T：惜しい！もう一回！
C：んー、イヌ！
T：正解です！

　シルエットを見て英語で答える「シルエットクイズ」を楽しんでいる場面です。児童が Cat! と答えると、先生は Close!（惜しい！）と間違っていることを知らせ、児童は2回目の挑戦で A dog! と言い当てます。
　答えが惜しいところまできている場合は、（CONVERSATION にあるように）Try again! ともう一度答えるようにうながすと良いでしょう。前向きな声かけで、クイズを楽しく盛り上げましょう。
　なお、「惜しい」は、Close! のほか Good try! や Nice try! と言うこともできます。「ナイストライ」は日本語にもなっているので、児童にとってもなじみやすいでしょう。

LEVEL UP

①ヒントを出す

児童がなかなかクイズに正解できない場合、先生がヒントを出すこともありますね。そのときは Here's a hint. と言います。

〈パズルクイズで〉
C：先生、わからない！
T：OK. Here's a hint. It's a flower.
　（じゃ、ヒントです。花です）
C：花？あ、さくらだ！
T：That's correct! A cherry blossom!
　（正解です！ cherry blossom です！）

　児童が自ら「ヒントをください」とお願いしたい場合には、Hint, please. や Give me a hint, please. と言います。

〈パズルクイズで〉
T：What's this?（これは何ですか）
C：I don't know. Hint, please.
　（わかりません。ヒントをください）
T：It's an animal.（動物ですよ）
C：Oh, elephant!（あ、ゾウだ！）

💡「ヒント」を表す名詞は、アメリカでは clue もよく使われます。

Theme 2. 子供がもっとチャレンジできる！ ほめ方・うながし方

6 励ます！

Track2-06

ユー ケン ドゥー イッ
You can do it!

やればできるよ！

発音のコツ

do it は「ドゥー・イット」と2語を同じ調子で読むのではなく、「**ドゥー**イッ」のように言ってみましょう。動詞 do（やる）を力強く発音し、続く it は軽く読みます。it の語尾の t は、ほとんど聞こえないくらいで OK です。

POINT

発表やアクティビティーの最中、あと一歩のところで踏み出せずにいる児童に対して、「やればできるよ！」「君ならできるよ！」と背中を押すフレーズです。

🔊 CONVERSATION

〈発表で少し緊張気味の児童に対して〉
C：え、どうしよう。発表できないよ…。
T：Sayuri, you can do it! Just try your best!
T：サユリ、君ならできるよ！
　　やれるだけやってみよう！

　発表をためらう児童に対して、先生が応援している場面です。Just try your best! は「とにかくベストを尽くしてみなよ、やれるだけやってみよう」という意味で、You can do it! ととても相性のよいフレーズです。組み合わせで覚えておくと実践の際に便利です。

　ちなみに、Just try の発音は、「ジャスト・トライ」というよりは「ジャスト**ラーイ**」という感じです。just の t を落とし、try の y を強調しましょう。

　You can do it! (Just try your best!) は発表に限らず、クラスの前でチャンツや実演などを行う際にも使えます。児童の緊張や不安を取り払うイメージで、優しくも力強い口調で伝えてあげましょう。

❗ LEVEL UP

　がんばって活動に挑戦したもののうまくいかず、少し落ち込んでいる様子の児童がいたら、次のフレーズで声をかけてみると良いでしょう。

❖ **It's OK!** → 大丈夫だよ！
　失敗を気にしている相手に。OK は聞きなじみのある単語ですので、児童もきっとすぐに意味がわかりますね。まずはこのフレーズから覚えると良いでしょう。

❖ **Don't worry!** → 気にしないで！
　It's OK. Don't worry. と組み合わせて使えます。worry は「心配する」という意味。

❖ **You did your best!** → あなたはがんばったよ！
　努力を称えるフレーズです。do one's best で「ベストを尽くす、がんばる」。

❖ **You can do it next time!**
→ 次回はきっとできるよ！
　next time（次回は）がポイントです。次も意欲的に取り組めるよう、前向きな言葉を心がけましょう。

7 励ます！

Track2-07

What's the matter?
ワッツ ザ マーター

何が問題なのですか？（→どうしたのですか？）

発音のコツ

What's と matter を強調し、間の the は軽く発音しましょう。メリハリをつけることで英語らしいリズムが生まれます。また、matter は「**マー**ター」と母音 a を長めに伸ばしましょう。

POINT

アクティビティーのやり方や英語の言い方がわからないなど、児童が何か困っている様子のときに使える声かけです。matter は「困ったこと、問題」という意味です。

💬 CONVERSATION

〈活動がうまくいっていないペアを見て〉

T：What's the matter, Nao and Rieko? Is everything OK?

C：やり方がわからないです。

T：OK。また説明しますね。まず…

💡解説などは日本語でしっかりしてあげましょう。

T：ナオとリエコ、どうしたの？大丈夫？

アクティビティーがうまくできずにいるペアに先生が声をかけている場面です。Is everything OK?（状況は大丈夫ですか？）と尋ねると、児童はアクティビティーのやり方がわからないと打ち明けます。そこで、先生は日本語に切り替えて、もう一度ルールを説明することにします。

❗ ワンポイント

英語でゲームやアクティビティーを行う一番の目的は、意味のあるコミュニケーションの中で、楽しみながら基本表現に繰り返し触れる（使う）ことです。ルールや表現が理解できていない状態が長く続くと児童にとってストレスになりますので、CONVERSATION にあるように、問題が生じたときには日本語を使って、"すばやく確実に"解決してあげましょう。

❗ LEVEL UP

①「どうしたの？」「大丈夫？」の言い方

相手の様子を尋ねるときの定番フレーズを確認しましょう。

❖ What's wrong? → どうしたの？

💡 What's the matter? と同じように使えます。wrong はここでは「具合が悪い、おかしい」という意味です。

❖ Is everything OK? → 大丈夫ですか？

💡 左記の CONVERSATION にもあるように、相手がいる「状況」が問題ないかを尋ねるフレーズです。

❖ Are you OK? →（体調は）大丈夫ですか？

💡 上記 Is everything ～? と違い主語を you にすることで相手の「気分・体調」をたずねるフレーズになります。

---

②何が問題なのかを説明するフレーズ

上記の質問に対する回答例をいくつか見てみましょう。

❖ ルールがわからない場合

→ I don't understand the rules.

❖ 英語の言い方を知りたい場合

→ How do you say ○○ in English?

❖ 体調がよくない場合

→ I don't feel good. / I feel cold.

Theme 2. 子供がもっとチャレンジできる！ ほめ方・うながし方

8 注意をうながす

Track2-08

ク**ワ**ーイエット
Quiet.

静かに。

発音のコツ

「ク**ワ**ーイエット」という感じで、「ワ」を伸ばして強調するとメリハリが生まれます。語尾の t は息だけの音ですので、実際はほとんど聞こえません。

POINT

授業中に児童がざわついたときには、このフレーズで手短に注意しましょう。quiet（静かな）は形容詞ですので、本来は Be quiet. と be が必要ですが、会話ではこうして省略することもよくあります。1語だと言いやすくなる上、インパクトも強まりますね。

💬 CONVERSATION

〈黒板に注目させようとして〉

T：OK. Everyone, look this way.
C：（児童がまだおしゃべり）
T：（大きな声で）Everyone, quiet.
C：（静まり返る）
T：Thank you. Now look at the blackboard, please.

T：はい、みなさん、こちらを向いてください。
T：みなさん、静かにしなさい。
C：（静まり返る）
T：ありがとう。では、黒板を見てください。

　黒板に注目させようと、先生が1行目で look this way（こちらを向いてください）と指示しますが、クラスがざわついていて聞いてくれません。そこで、大きな声で Everyone, quiet. と注意すると、おしゃべりが止まります。

　上の例ではクラス全体に対して注意していますが、特定の児童に向けたい場合は、Everyone の代わりに児童の名前を言いましょう。このとき、Excuse me という呼びかけを加えると、一層注意を引くことができます。

❖ Excuse me, Koji. Quiet.
　コウジくん、良いですか。
　静かにしてくださいね。

❗ LEVEL UP

① 児童に注目させる表現（Quiet. 以外）

❖ Shhh. シー
💡 日本語の「シー」と同じように、おしゃべりをやめてほしいときに使います。

❖ Attention, please. 注目してください。
💡 attention（注目）は「アテンション」と発音。アクティビティー中などに、説明を行うために一時的に注目してほしいときに使えます。

❖ Are you OK, Koji?
　コウジくん、大丈夫ですか？
💡 授業中ぼんやりして話を聞いていない児童に対して。Listen to me. などと直接的に注意する代わりに、体調・様子を尋ねる問いかけを通して、間接的に注意を取り戻させます。

② 「〜を見てください」「〜を聞いてください」

　児童の注目を集めたあと、「黒板を見てください」などと指示をするには、Theme1 で学んだ命令文のフレーズを続けましょう。

❖ 黒板を見てほしい場合
→ Look at the blackboard.
❖ CD をよく聞いてほしい場合
→ Listen to the CD carefully.
❖ ジョーンズ先生のあとに復唱してほしい場合
→ Repeat after Mr. Jones.

9 注意をうながす

Track2-09

スィラップ ストレイト
Sit up straight.
姿勢を正しなさい。

発音のコツ
sit up の下線部をつなげて「スィラップ」のように発音します（tの音を崩してしっぽく）。また、sitのsは「シ」（sh）にならないように注意してください。sは、「ストレート」や「ありがとうございます」と言うときの"息が漏れる"感じの音です。

POINT
児童の授業態度がゆるみ、姿勢がだらしなくなったときの一言。sit（座る）＋up（上に）＋straight（まっすぐ）の組み合わせで「姿勢を正す」という意味を表します。体を起こすようにうながすジェスチャーを加えると、意味が通じやすくなります。

🔴 CONVERSATION

〈イスにダラっともたれて座る児童を見て〉
T：（児童に向けて）Sit up straight, please.
C：（なかなか動かない）
T：（より厳しい口調で）Excuse me, Taro. Sit up straight.
C：（姿勢を正す）
T：Thank you.
　T：姿勢を正してください。
　T：タロウ、聞いていますか。姿勢を正しなさい。
　T：ありがとう。

児童に向けて Sit up straight, please. と姿勢を正すように注意するものの、なかなか動きません。そこで、2度目は Excuse me, Taro. と名前を呼びかけ、さらには please を省略して力強い口調で伝えると、児童が姿勢を正します。

❗ ワンポイント
児童がなかなか指示を聞いてくれないときは、Excuse me, ○○. と丁寧に名指しにしたり、Sit, up, straight. のように1語ずつ切り離して強調すると、言葉に緊張感が増します。

❗ LEVEL UP

①児童が立っている場合は stand

会話例では児童が座っている場面を取り上げましたが、立っている場合は sit の代わりに stand を使いましょう。

❖ Stand up straight, please.
　きちんと立ってください。

②じっとしてほしい場合は still

still は「じっとした、静止した」という意味です。静かに立って［座って］ほしいような場面で、児童が落ち着きなく動き回るなどしていたら、Sit still.（じっと座ってください）や Stand still.（じっと立ってください）と注意します。

③よそ見をしている場合は〈look＋向く方向〉

黒板や先生の方に視線を向けさせたいときは、次のように言いましょう。

❖ Look this way, please. こちらを見てください。
❖ Look up, please. 顔を上げてください。
❖ Look at the blackboard, please.
　黒板を見てください。

Theme 2. 子供がもっとチャレンジできる！ ほめ方・うながし方

10 注意をうながす

Track2-10

ドウント スタート イエット
Don't start yet.

まだ始めないでください。

発音のコツ

don't は「ドント」というよりは、「ドゥント」のように発音します（ウの音を入れる）。また、3 語とも全て t で終わりますが、語尾の t は、実際はほとんど聞こえないくらいの "軽く息を吐き出す音" です（t を一切発音せずに、代わりに「間」を入れることもよくあります）。カタカナの「ト」にならないように注意しましょう。

POINT

先生の開始の指示を待ちきれずに、児童が先にゲーム・アクティビティーを始めようとしたら、このように注意します。Don't ～ . は「～しないで」「～しちゃダメ」。ある行為を禁止・やめさせたいときの最も基本の言い方です。yet は、否定文では「まだ」という意味です。

💬 CONVERSATION

T : Today, let's make your "Dream Class Schedule". First...
C : （児童が説明を全部聞かずに表に書き始める）
T : <u>Wait</u>, Makoto. <u>Don't start yet.</u> There are three rules.

T : 今日は「夢の時間割」を作りましょう。まず…。
T : マコト、待って。まだ始めないでください。ルールが 3 つあります。

　先生が「夢の時間割」を作ることを発表すると、児童（マコト）が一人で先に表に書き始めようとします。そこで、先生は Wait. とマコトを止めて、ルールがあるのでまだ始めないように、と注意します。
　Wait. は、相手に待ってほしいときの指示です。1 語なので使いやすく、またインパクトがありますね。Wait. Don't ～ yet.（待って、まだ～しないで）をセットで覚えておくと便利です。

⚠ LEVEL UP

① Don't ～ yet. の応用例

　～の動詞を置き換えることで、色々な行為を禁止する文が作れます。カードやワークシートを用いた活動では、次のフレーズが使えます。

❖ まだカードを見ないでください。
→ Don't <u>look at the cards</u> yet.
❖ まだカードを裏返しにしないでください。
→ Don't <u>turn the cards over</u> yet.
💡 turn over で「ひっくり返す」
❖ まだ何も書かないでください。
→ Don't <u>write anything</u> yet.

⚠ ワンポイント　励ましにも使える Don't ～ .

　Don't ～ . は何かをやめさせる表現ですが、内容によっては相手を励ますプラスの表現にもなります。次のものは、決まり文句としてぜひ押さえておきたいフレーズです。

❖ Don't worry! 心配しないで！（気にしないで）
❖ Don't be shy! 恥ずかしがらないで！
❖ Don't be nervous! 緊張しなくていいよ！

Step Up Check — 基礎編 —

STEP1 30秒チャレンジ！

ここまで取り上げた「ほめる」「励ます」「注意をうながす」フレーズをおさらいしましょう。ページ左側の日本語のセリフを見て、それに合う英語をパッと言えるか確認してみてください。フレーズの順番をランダムに入れ替えていますので、場面に応じた柔軟な瞬発力が求められます。10問を25秒以内で言えたらクリアです。

🕐 目標タイム：25秒

STEP2 教室で使おう！

STEP1の練習で自信をつけたら、ここからが本番。Classroom English を実際の授業中に児童の前で使ってみることが大切です。下記の10フレーズの中からまずは2フレーズ、次は5フレーズ、などと目標を決めて、使えたらチェックボックスにチェックを入れましょう。

▶ STEP2

❶ （クイズの回答について）惜しい！　　　　　　　Close! (p.52) ☑

❷ （活動をやり遂げた児童に）よくできました。　　Good job. (p.49) ☑

❸ （だらしなく座っている児童に）姿勢を正しなさい。　Sit up straight. (p.56) ☑

❹ 手伝ってくれてありがとう。　　　　　　　　　Thank you for helping. (p.51) ☑

❺ 静かに。　　　　　　　　　　　　　　　　　　Quiet. (p.55) ☑

❻ じょうず！　　　　　　　　　　　　　　　　　Good! (p.48) ☑

❼ まだ始めないでください。　　　　　　　　　　Don't start yet. (p.57) ☑

❽ （クイズの回答について）正解です！　　　　　That's correct! (p.50) ☑

❾ （困っている様子の児童に）どうしたのですか？　What's the matter? (p.54) ☑

❿ やればできるよ！　　　　　　　　　　　　　　You can do it! (p.53) ☑

▶ STEP1
25秒以内で言えた！ ☑

Theme 2. 子供がもっとチャレンジできる！ ほめ方・うながし方

11 具体的にほめる！

Track2-11

ヨア　ゲリングッド
You're getting good.

上手になったね。

発音のコツ

getting good は「**ゲリングッド**」と1語のように言いましょう。getting は「**ゲリング**」と t を崩してしまって OK。また、getting good と g が連続しますが、最初の g を省く（＝1回だけ g を発音する）ことで、2語をつなげやすくなります。

POINT

get は「〜になる」と "変化" を表す動詞。以前よりも上達している、着実に前進しているということをさりげなくほめるフレーズです。たとえ些細な変化でも、言葉で言われることで児童自身が自らの成長を実感し、自信ややる気につなげることができます。

🔊 CONVERSATION

〈「好きなものインタビュー」で〉
C1：What animal do you like?
C2：I like dogs. What food do you like?
C1：I like ice cream.
T ：（ペアに向かって）Wow, you're getting good, Yuki and Shota. Great!
C1：何の動物が好きですか？
C2：イヌです。何の食べ物が好きですか？
C1：アイスクリームです。
T ：わぁ、ユキとショウタ、**上手になったね。** 素晴らしい！

英語でインタビューを上手にこなす児童二人を見て、先生がほめている場面です。定番の Wow! や Great! に加えて、You're getting good. を使って児童の "成長" をほめている点がポイントです。

⚠️ ワンポイント
児童が「うまい、へた」を過剰に気にすると、のびのびと活動に打ち込めなくなる可能性があります。そもそも言語力には個人差がありますので、あくまでも本人が「前よりも上達しているか」の観点から声かけをしていくのが良いでしょう。

❗ LEVEL UP

① **get good at 〜で対象を具体的に言う**

「チャンツが上手になってきたね」のように、何が上達しているかを具体的に言いたいときは、You're getting good **at the chant**. と at 〜を続けましょう。
❖ゲームに慣れてきた児童を見て
→ You're getting good **at this game!**
❖英語を話すことに抵抗のなくなった児童を見て
→ You're getting good **at speaking English!**
💡at のあとに動詞を続ける場合は 〜ing の形に

② **他のほめ言葉と一緒に使う**

CONVERSATION にもあるように、他のほめ言葉と組み合わせると一層こなれた雰囲気が出ます。
❖ **Wow! You're getting good!**
💡楽しそうに驚いてみせるのがポイント。他に Wonderful! や Excellent! なども使えます。
❖ **Great gestures! You're getting good at this quiz!**
💡Great 〜！の形で良い点を具体的にほめます（→ 2-1, p.48 参照）。

12 具体的にほめる！

Track2-12

ケン**ユ**ー　**ショ**ウ　ザ　ク**ラ**ース
Can you show the class?

クラスに（お手本を）見せてくれますか？

発音のコツ

show と class はいずれもカタカナ語でよく使いますが（「ショー」「クラス」）、英語で言うときは日本語の発音につられないようにしましょう。show は「ショゥ」、class は「クラース」と母音の発音が特にポイントです。

POINT

ゲームやアクティビティーのやり方を説明するには、長々と言葉で話すよりも、実演を見せ、また実際に活動中に上手なペア（グループ）をお手本として紹介するのが効果的でしょう。このフレーズは、児童にお手本の発表をお願いするときの表現です。

CONVERSATION

〈あいさつを練習する「名詞交換ゲーム」で〉
C1：（笑顔で）Hello, my name is Tanaka Ken. What's your name?
C2：（笑顔で）Hello, my name is Suzuki Ai.
C1：Nice to meet you.
C2：Nice to meet you, too.
T　：Very good! Nice smile. Can you show the class?

C1：こんにちは、田中ケンです。あなたの名前は何ですか。
C2：こんにちは、鈴木アイです。
C1：はじめまして。
C2：こちらこそ、はじめまして。
T　：素晴らしい！笑顔が素敵。クラスにお手本を見せてくれる？

上手にあいさつの練習ができている児童のペアを見て、先生がクラスにお手本を見せるようにお願いしています。Very good! とほめたあと、Nice smile. と具体的にどこが良いのかを述べている点に注目してください。児童がその行動を再現できるように、具体的に伝えてポイントをはっきり理解してもらうことが大切です。

LEVEL UP

① Nice 〜. で「どこが良いか」を伝える

会話例では、先生は児童の「笑顔」を取り上げていましたが、〜の名詞を入れ替えることで他にも色々な面をほめることができます。

❖ はっきりした声が良い → Nice clear voice!
❖ 相手の目を見ていて良い → Nice eye contact!
❖ ジェスチャーが良い → Nice gestures!
❖ 速さがちょうど良い → Nice speed!

💡 nice の代わりに great や excellent を使うこともできます（→ 2-1, p.48 参照）。

ワンポイント

先生にほめられることはどの児童にとっても嬉しいことに違いありませんが、自分がお手本としてクラス全員の注目を浴びることには抵抗を感じる児童も中にはいるでしょう。のびのびと取り組んでいる児童のペースを崩してしまうことも考えられますので、児童の様子をよく観察しながら、お手本として発表させるべきかを考えるのが良いでしょう。

Theme 2. 子供がもっとチャレンジできる！ ほめ方・うながし方

13 具体的にほめる！

Track2-13

エヴリバディー　**ル**カーッ　ディス　グ**ルー**プ
Everybody, look at this group.
みなさん、このグループを見てみましょう。

発音のコツ
look at の下線部をつなげて「ルカーッ」と発音しましょう。また、at this の部分は、似た子音の音が続いているため発音しにくいですね。前の子音（t）を省いて、「アッディス」のように読むと滑らかになります。

POINT
2-12（p.60）では、上手に活動ができているペア（グループ）にお手本を見せるようにお願いするフレーズを取り上げました。今回は、「このグループは良いよ！」とお手本のグループに注目させるときのフレーズです。

🎤 CONVERSATION

〈あいさつを練習する「名詞交換ゲーム」で〉
T：（うまくできているグループに向かって）
　　Very good! Nice smile. Can you show the class?
C：OK.
T：（クラスに向かって）Everybody, look at this group! They are doing it nicely. Listen.
C：（あいさつのお手本を見せる）
　T：素晴らしい！笑顔が素敵。クラスに（お手本を）見せてくれますか？
　C：はい。
　T：みなさん、このグループを見てください。
　　　上手にできています。聞いてください。

上手に取り組んでいるグループに注目して、先生が Very good! Nice smile. とほめます。クラスにお手本として見せるようにお願いしたあと、Everybody, look at this group! They are doing it nicely. とクラス全員に呼びかけます。最後に Listen.（聞いてください）と注目を集めたところで、児童がお手本を示します。

❗ LEVEL UP

①個性を肯定する言葉
児童が発表を終えたら、一言感想を伝えるようにしましょう。Great! や Wonderful! はどの場面でも使える万能表現ですが、特別に児童の個性や工夫が見られる場合は、次の言葉もオススメです。
❖ よく工夫しているね！→ Very creative!
❖ とても面白いね！→ Very interesting!
💡 interesting は「知的な興味をそそられる」
❖ とても個性的で良いね！→ Very unique!
💡 unique は「ユニーク」と発音

⚠️ ワンポイント
〈中間評価で良い点・改善点を確認〉
アクティビティーを行う際は、途中で「中間評価」を取り入れましょう。1-22（p.36）や 2-12（p.60）で確認したように、よくできているペア（グループ）をお手本として取り上げて、良い点を具体的に確認します（「どんなところが良いですか？」「みんなも真似してみましょう」などの声かけが効果的）。また一方で、よく見られる「共通のミス」や「改善点」も併せて確認しましょう。そうすることで、児童が各々で修正し、後半に向けて活動のクオリティーを自ら高めていくことができます。

14 具体的にほめる！

Track2-14

ワーウ　ユー　ノウティスﾄ
Wow, you noticed!
よく気がついたね！

発音のコツ

日本語でも、驚きを表して「ワオ」と言うことがありますが、英語の場合は母音をもっと伸ばします。「ワウ」ではなくて「**ワーウ**」。また、noticed も母音を強調して「**ノウ**ティスﾄ」と発音しましょう。語尾の d は、[t] の音（息だけの音）です。

POINT

Missing Game などで、隠されたカードを見事に当てたときに使えるフレーズです。感嘆・感心を表す「よく（〜したね）」のニュアンスは、はじめに Wow を加えることで表現することができます。「気がつく」は notice。

CONVERSATION

〈Missing Game で〉

T：（黒板に貼り出した国旗カードを指して）
　　Look at the cards carefully. OK, next, close your eyes.
　　（フランスの国旗カードを隠す）
T：Now open your eyes. What's missing?
C：France!
T：Wow, you noticed! Great!

　T：カードをよく見てください。はい、次に、目を閉じてください。
　T：さぁ、目を開けてください。何がなくなっていますか？
　C：フランス！
　T：よく気がつきましたね！素晴らしい！

　Look at 〜 .、Close 〜 .、Open 〜 . と様々な命令文を使って Missing Game をテンポよく進めています。2 つめの発言の What's missing? は、当てさせるときの決まった問いかけです。missing は「あるべきところにない、見つからない」。児童が一発でフランス国旗を当てると、先生が Wow, you noticed! と驚いてみせます。

LEVEL UP

① **Wow, you 〜！の応用**

　〜の動詞を入れ替えることで、色々なことについて「よく〜したね！」とほめることができます。

❖ Wow, you finished it!
　よく最後まで終わったね！
❖ Wow, you remember the chant!
　よくチャンツを覚えてるね！
❖ Wow, you did it! よくできたね！
💡何か困難なことをやりとげたときに

② **感嘆・感心を表すフレーズ**

　Wow! や Great! 以外にも便利な感嘆のフレーズがいくつかあります。「なんて〜何だろう！」の意味を表す How 〜！と What (a) 〜！は、学校英語でもおなじみですね。how のあとは形容詞・副詞、what のあとは名詞を続けます。

例

〈児童が描いた絵を見て〉

❖ How nice! なんて素敵なのでしょう！
❖ What a nice picture!
　なんて素敵な絵なのでしょう！

Theme 2. 子供がもっとチャレンジできる！ほめ方・うながし方

15 具体的にほめる！

Track2-15

ユー　サーング　ヴェリー　ナイスリー　トゥデイ
You sang very nicely today.

今日はとても上手に歌っていたよ。

発音のコツ

「とても上手に」を表す very nicely の部分をしっかり強調しましょう。very の v は、「ベ」ではなく「ヴェ」。両唇をくっつけると「ベ」になってしまうので、「上の歯」を「下唇に軽く当てる」ことに注意して発音しましょう。

POINT

授業が終わったら、通常の Bye. などに加えて「児童がよくできたこと」を一言ほめてあげると、とても気持ちの良い別れの挨拶になります。You 〜 very nicely today.（とても上手に〜してたよ）の形で、色々な動詞を入れてほめてみましょう。

🎤 CONVERSATION

〈授業が終わって〉
T：Bye. Have a good day!
C：Bye.
T：（エミに向かって）You sang very nicely today, Emi. Keep it up!

T：さようなら。良い一日を！
C：さようなら。
T：エミ、今日はとても上手に歌ってたよ。その調子！

授業が終わったあと、先生が一人の児童（エミ）に向かって You sang very nicely today. と上手に歌っていたことをほめます。さりげない一言ですが、「先生は君のことをよく見ているよ」という大切なメッセージが伝わる声かけです。

⚠️ ワンポイント

会話例では特定の児童に声をかけていますが、クラス全員に向けて That's all for today. You sang very nicely today. It was fun! のようにあいさつして授業を締めることもできます。

❗ LEVEL UP

① **You 〜 very nicely today. の応用**
〜の動詞を入れ替えたパターンも見てみましょう。
❖ チャンツをがんばっていた児童に
→ You did the chant very nicely today!
❖ 発表をがんばっていた児童に
→ You gave the presentation very nicely today!

② **I liked your 〜 . でほめる**
I liked your 〜 . 「あなたの〜が気に入ったよ、よかったよ」の形でほめる方法もあります。
❖ I liked your 3 Hint quiz.
3ヒントクイズ、良かったよ。
❖ I liked your "Dream Class Schedule".
「夢の時間割」、良かったよ。

CONVERSATION にもあるように、上記のフレーズに Keep it up! を組み合わせるのもオススメです。「その調子でがんばって」という意味の慣用表現で、「キーペラップ」と歯切れよく発音すると、あいさつが格好よく決まります。

❖ I liked your presentation. Keep it up!
発表良かったよ。その調子！

16 具体的にほめる！

Track2-16

アイ ラィㇰ ザット ユー リスン
I like that you listen
トゥ アザー ピーポウ
to other people.

あなたは他の人の話をよく聞くところが好きだよ（＝素晴らしいよ）。

発音のコツ

長めのフレーズは"カタマリ"を意識して読むのがポイントです。ここでは、I like that「好きだよ」（どんなところがかと言うと）→ you listen to other people「他の人の話を聞く」の2つのカタマリで読みましょう。

POINT

2-11（p.59）や 2-15（p.63）では、児童の行動をほめるフレーズを取り上げました。今回の I like that 〜. は少し難しいフレーズですが、一歩踏み込んで児童の性格的な魅力・長所をほめたいときにはこの表現が使えます。ここでは、いわゆるアクティブ・ラーニングでも大切な「主体性」などをほめるパターンを取り上げます。

🔊 CONVERSATION

〈授業後に児童と立ち話〉

T：（タケシに向かって）Did you enjoy today's activity, Takeshi?
C：Yes! みんなで ALT のメニューを考えるのが楽しかったです。
T：<u>You did very good. I like that you listen to other people.</u>

T：タケシ、今日のアクティビティーは楽しかったですか？
C：（中略）
T：とても上手にできていましたね。<u>他の人の話をよく聞くところが素晴らしいよ。</u>

授業後に先生が一人の児童（タケシ）とお話をしています。Did you enjoy 〜? の形で今日のアクティビティー（＝ALTのメニューを一緒に考える）の感想を尋ねると、とても楽しんだとのこと。それを受けて、You did very good. とほめ、さらに具体的に良かった点として、他のクラスメイトの話をよく聞いて活動していたこと（you listen to other people）を伝えます。

❗ LEVEL UP

① I like that 〜. でほめて伸ばす

いわゆるアクティブ・ラーニングでは、児童は主体的に考えを発信したり、また互いに対話的であることが求められますね。日本語・英語問わず、日頃から児童のそうした側面を伸ばす声かけを心がけましょう。英語の場合、I like that 〜. を用いて次のように言うことができます。

High-level

I like that ___ . ___ なところが素晴らしいよ。

❖ you are kind to others 他の人に優しい
❖ you have your own opinion
　自分の意見が言える
💡 opinion は「意見」。発音は「オピニョン」。
❖ you ask many questions たくさん質問をする

⚠ ワンポイント

こうした発展的なフレーズは受け取る側の児童がきちんと理解できるように、日本語訳を添えるなどの工夫も忘れないようにしましょう。

Theme 2. 子供がもっとチャレンジできる！ ほめ方・うながし方

17 具体的に励ます！

Track2-17

ア　リロウ　ラウダー
A little louder.

もう少し大きな声で言ってごらん。

発音のコツ

little はカタカナ語につられて「リトル」と発音したくなりますが、実際は「**リ**ロウ」に近い音です。母音 i を強調し、続く t や l は崩す感じで発音すると滑らかになります。語尾の l は、「ル」よりも「ウ」っぽく言ってみましょう。

POINT

loud は「大きな声で」という意味の副詞です。語尾に er をつけることで、「（今よりも）もっと大きな声で」という意味になります。声をもっと出すようにうながすジェスチャーを加えると、児童はフレーズの意図がつかみやすいでしょう。

🗨 CONVERSATION

〈「行きたい国」の発表で〉

T：OK, Tomoko. It's your turn. Go ahead.
C：（緊張して小声に）
T：A little louder.
C：（声が大きくなる）
T：Good.

　T：はい、トモコ。あなたの番です。どうぞ。
　T：もう少し大きな声で言ってごらん。
　T：良いね。

児童が一人ずつ「行きたい国」について発表している場面です。トモコの番になると、先生が It's your turn. Go ahead. と合図します（Go ahead. は「どうぞ」「始めてください」という意味の会話表現）。

しかし、トモコは緊張のため声が小さくなってしまいます。そこで、先生が A little louder. と呼びかけると声が少し大きくなり、その変化を受けて Good. とほめます。

⚠ LEVEL UP

①発表で使えるフレーズ

「〜してごらん」とうながす表現をもう少し見てみましょう。

❖少し早口で聞き取りにくい場合
→ A little slower.（もう少しゆっくり）

❖下を向いていて顔が見えない場合
→ Look up.（前を向いて）

💡「あともう少し」とさらに一押ししたいときは、A little more. と続けましょう。

例

T：A little louder.
C：（少し大きくなるが、まだ小さい）
T：A little more.
C：（ちょうど良い大きさになる）
T：Perfect! 完璧！

⚠ ワンポイント

　少しでも変化が見られたら、言葉でその努力をほめましょう。Great! などの基本表現にもちろんのこと、「できなかったことができるようになった」ときには次のフレーズもオススメです。

・That's better! 良くなったよ！（その調子！）
・There you go! ほら、できたじゃん！

065

18 具体的に励ます！

Track2-18

レット**ラ**ーイッ トゥ**ゲ**ザー
Let's try it together.
一緒にやってみよう。

発音のコツ
try it（それをやってみる）は、「ト**ラ**ーイッ」と動詞 try を強調しましょう。また、続く together とつなげやすいように、it の語尾の t は省いて「ト**ラ**ーイッ トゥ**ゲ**ザー」と発音します（t は 1 回だけ発音）。

POINT
アクティビティーでつまずいている児童に協力するときのフレーズ。一人でうまくできない相手に対して、"together"（一緒に）と声をかけて励まします。

🗨 CONVERSATION

〈ワークシートを書き込む活動で〉
T：（ワークシートが白紙の児童を見て）What's the matter, Hiroko?
C：なんて書けば良いかわかりません。
T：OK. Let's try it together.

　T：どうしたの、ヒロコ。
　C：（中略）
　T：OK。じゃ、一緒にやってみよう。

　What's the matter? は 2-7（p.54）で扱いましたね。ワークシートが埋められずにいる児童に、先生が「どうしたの？」と声をかけています。「何を書けば良いかわからない」と児童が打ち明けると、先生が Let's try it together. と協力します。
　2-4（p.51）や 2-6（p.53）では、踏み出すことをためらう児童に対して、You can do it! や Just try your best! と背中を押すフレーズを紹介しました。「とにかくやってみる」というのは大切な心構えですが、今回の会話例のように、「すでに自分でやってみたけどできなかった」という状況のときは、こうして先生がサッと手を差し伸べると良いでしょう。

❗ LEVEL UP

① Let's ～ together. の応用
　～の部分を入れ替えることで、色々な場面で「一緒に～してみよう」と励ますことができます。
❖発表の内容が思いつかない
→ Let's think together. 一緒に考えてみよう。
❖クイズづくりがうまくできない
→ Let's make the quiz together.
　一緒にクイズをつくってみよう。
❖英語での言い方がわからない
→ Let's ask Mr. Jones together.
　一緒にジョーンズ先生に聞いてみよう。

②協力を仰ぐフレーズ
　Let's ～ together. は協力を申し出るフレーズですが、反対に児童に協力してほしいときは、Will [Can] you ～? の形でお願いします。
❖手伝ってほしい→ Will you help me?
❖一緒にチャンツをやってほしい
→ Will you do this chant with me?
❖ワークシートを配ってほしい
→ Will you hand out the worksheets?
💡 hand out で「～を配る」

Theme 2. 子供がもっとチャレンジできる！ ほめ方・うながし方

19 具体的に注意をうながす

Track2-19

アイム サード
I'm sad.

先生は（私は）悲しいです。

発音のコツ

気持ちを表す sad（悲しい）をはっきりと言いましょう。母音 a は「ア」ではなく、「アとエの中間」の音です。口を横に大きく広げて、音を伸ばすようにして発音しましょう。

POINT

繰り返し注意しているにもかかわらず、児童がなかなか言うことを聞いてくれない。そんなとき、児童に強く注意し行動を強制的に正そうとする代わりに、（その行動の結果として）「自分がどう感じているか」「どんな嫌な気持ちになっているのか」を伝えて反省・変化をうながすこともできます。

🔊 CONVERSATION

〈授業の最後の振り返りで〉

T：（真剣な表情で）Everybody, today, I'm sad.
C：（静まり返る）
T：You were very noisy. You didn't listen to me and Mr. Jones. What happened? I'm very sad.

T：みなさん、今日は先生は悲しいです。
T：とても騒がしかったし、先生やジョーンズ先生の話を聞いていませんでしたね。（今日は）どうしちゃったのですか？とても悲しいです。

いつもより授業態度が悪かった児童たちに向けて、先生が真剣な面持ちで I'm sad. と訴えています。理由は、noisy や didn't listen to me and Mr. Jones。さらに続けて What happened?（何が起こったのですか、どうしちゃったのですか）と問いかけ、児童に反省をうながしています。

❗ ワンポイント

先生が気持ちをオープンに伝えることで、児童は「自分の行動が先生に深い影響を与え得る」ということを改めて認識し、自身の行いを自発的に振り返るきっかけをつくることができます。

❗ LEVEL UP

①色々な気持ちを表す形容詞

怒りやがっかりした気持ちを伝えたいときは、angry や disappointed を使いましょう。

❖ I'm angry. 先生は怒ってるよ。
❖ I'm disappointed. 先生はがっかりだよ。
　💡「ディサ**ポ**インテッド」と発音

逆に、児童が良いことをしたときは、I'm very happy! とうれしい気持ちを目一杯伝えましょう。

②次回の授業に向けてポジティブに

授業が暗い雰囲気のまま終わらないよう、伝えるべきことを伝えたら、次回に向けたより前向きな会話に切り替えましょう。

❖ Can you do better next time? —Yes.
　次回はもっときちんとできますか？—はい。
　💡 do better は「もっときちんとする」。児童に自ら約束させるのがポイント。
❖ Tomorrow, let's finish our map.
　明日は地図を完成させましょう。
　💡次回の活動を予告
❖ Have a good day! See you tomorrow.
　良い1日を！また明日。
　💡明るい元気なあいさつでお別れ

20 具体的に注意をうながす

Track2-20

What do you say?
ワッドゥユー セイ

何と言うのですか？

発音のコツ

What do you は「ワット・ドゥ・ユー」と3語を切り離すのではなく、「**ワ**ドゥユー」と1語のようにつなげましょう。what do の下線部は似た音の子音が連続しているため発音しにくいですね。滑らかにつなげるために、前の子音（t）を省くのがポイントです。

POINT

子供が Thank you. をきちんと言わなかったときの定番のうながしのフレーズです。先生だけでなく、親（先生）はこのように問いかけ、子供（児童）が自分で気づいてお礼を言うまでじっと待ちます。

🎤 CONVERSATION

T：（児童が落とした筆箱を手渡して）Here you are, Kenji.
C：（無言で受け取る）
T：Kenji, what do you say?
C：Oh, thank you.
T：You're welcome.

T：どうぞ、ケンジ。
T：ケンジ。ほら、何と言うのですか？
C：あ。ありがとうございます。
T：どういたしまして。

児童（ケンジ）が落とした筆箱を先生が拾って、ケンジに手渡しますが、ケンジは何もお礼を言いません。そこで What do you say? とうながすと、ケンジは Oh. と気がついてお礼を言います。

英語の授業で初めてこのフレーズを使うときは、児童は質問の意図がなかなか理解できないかもしれません。その場合は、はじめは You have to say "thank you". と教えたり、「Thank you は？」と日本語でうながしましょう。回数を重ねていくうちに、自然と自分から Thank you. が言えるようになるでしょう。なお、「どういたしまして」は、You're welcome.（「ヨア **ウェ**ルカム」）です。

❗ LEVEL UP

①アメリカは"Thank you."を言うことが大事

日本では、お礼を言い忘れた子供に向かって、親が「『ありがとう』は？」などと直接的にうながすことがありますが、アメリカでは What do you say? と"自ら考えさせて Thank you を言わせる"ところが特徴的ですね。

✏ Column please は「魔法の言葉」

アメリカで Thank you. と同じくらい厳しくしつけられるのが、何かをお願いするときの please です。ジュースがほしいとき、子供が Mom, give me juice. と言った場合、たとえ親子であっても失礼に当たります。このような命令文は「相手が応じてくれることを前提」にした"指示"だからです。子供が親に指図するような話し方は、英語圏では許されません。

このとき、より丁寧に please を言わせるために使われるのが What's the magic word?（魔法の言葉は？）という問いかけです。魔法の言葉の please を使って、子供が Can I have juice, please? などと言い直せたら、ようやくジュースをもらうことができます。

「お母さん、ジュース」の1語でも成り立つ日本のコミュニケーションとは、大きく異なる点ですね。

Step Up Check ― 応用編 ―

STEP1　30秒チャレンジ！

応用編で取り上げた「具体的にほめる、励ます、注意をうながす」フレーズをおさらいしましょう。ページ左側の日本語のセリフを見て、それに合う英語をパッと言えるか確認してみてください。基礎編の Step Up Check と同様、フレーズの順番をランダムに入れ替えています。10問を35秒以内で言えたらクリアです。

🕐 目標タイム：35秒

STEP2　教室で使おう！

STEP1 の練習で自信をつけたら、ここからが本番。Classroom English を実際の授業中に児童の前で使ってみることが大切です。下記の10フレーズの中からまずは2フレーズ、次は5フレーズ、などと目標を決めて、使えたらチェックボックスにチェックを入れていきましょう。

▶ STEP2

❶ もう少し大きな声で言ってごらん。　　A little louder. (p.65)　☑

❷ みなさん、このグループを見てみましょう。　　Everybody, look at this group. (p.61)　☑

❸ 先生は悲しいです。　　I'm sad. (p.67)　☑

❹ 一緒にやってみよう。　　Let's try it together. (p.66)　☑

❺ 今日はとても上手に歌っていたよ。　　You sang very nicely today. (p.63)　☑

❻ よく気がついたね！　　Wow, you noticed! (p.62)　☑

❼ （お礼を促して）何と言うのですか？　　What do you say? (p.68)　☑

❽ 上手になったね。　　You're getting good. (p.59)　☑

❾ クラスに（お手本を）見せてくれますか？　　Can you show the class? (p.60)　☑

❿ あなたは他の人の話をよく聞くところが素晴らしいよ。
　　I like that you listen to other people. (p.64)　☑

▶ STEP1
35秒以内で言えた！　☑

Theme 3

授業をスムーズに展開できる！ALTとのコミュニケーション

Here is today's lesson plan.

Thank you for today's lesson.

Can you pronounce this word?

基礎編	p.072
Step Up Check—基礎編	p.082
応用編	p.083
Step Up Check—応用編	p.093

Theme3. では、授業の信頼できるパートナー、ALTの先生とのコミュニケーションをとるときの良い「"きっかけ"フレーズ」を扱います。授業前後の打ち合わせなどはもちろん、趣味などのプライベート質問も交えて、ALTの先生と良好な関係を育み、より効果的な授業を協力してつくっていければ最高ですね。

May I have your advice?

Did you have a nice weekend?

1 授業前後のあいさつ

Track3-01

ALT

Good morning.
（グッド　モーニング）

おはようございます。

発音のコツ

語尾の子音（Good morning）をほとんど発音せずに、「グッ（ド）モーニン（グ）」のように言うと滑らかに聞こえます。また、good MORning と、mor に一番強いアクセントをつけましょう。

POINT

午前中に会ったときのあいさつです。お昼以降なら Hello. または Good afternoon.、夕方の場合は Good evening. と言います。

🔊 CONVERSATION

T：Good morning, Mr. Jones. How are you?
ALT：Very good. And you?
T：I'm doing good.

　T：おはようございます、ジョーンズ先生。お元気ですか？
　C：はい、元気です。先生は？
　T：はい、元気です。

　朝のあいさつを交わす場面です。Good morning, Mr./Ms. ○○ . How are you?「おはようございます、○○先生。お元気ですか」は丸ごとセットで言えるようにしておくと良いでしょう。How are you? に対する返事は、学校で習う英語では "I'm fine. Thank you. And you?" がおなじみですが、これは実は、言い方によっては非常にドライで冷たい印象を与えてしまうことがあります。日常会話でより一般的なのは、上の CONVERSATION にもある Very good. や I'm doing good.。いずれも「元気です」という意味です。笑顔で明るく伝えましょう。これらのあとに、And you? や How are you? と必ず聞き返すようにします。

❗ LEVEL UP

①初対面の ALT の先生へのあいさつ

　ALT の先生と初めて会う場合は、あいさつのあとに簡単な自己紹介をしましょう。次の表現を参考にしてください。

例

〈あいさつ〉Nice to meet you. はじめまして。
〈歓迎の言葉〉Welcome to ○○ Elementary School. ○○小学校へようこそ。
〈名前〉I'm Yasuko Kato. 加藤ヤスコです。
〈担当の学年〉I teach fifth grade. 5年生を教えています。

　他に紹介したい先生などが近くにいる場合は、This is 〜 . の形で紹介しましょう。
This is Mr. Tanaka. He teaches sixth grade.
こちらは田中先生です。6年生を教えています。

②久しぶりに再会する ALT の先生へのあいさつ

　過去に一緒に授業をしたことがある先生との再会の場面では、次のフレーズが使えます。

❖ Nice to see you again.
　またお会いできて嬉しいです。
❖ How have you been? お元気でしたか。

Theme 3. 授業をスムーズに展開できる！ ALTとのコミュニケーション

2 授業前後のあいさつ

Track3-02

This way, please.
（ディス ウェイ プリーズ）

こちらへどうぞ。

発音のコツ

「こちら」という方向を表す this を特に強調しましょう。母音 i を強く発音し、語尾の s は thisu と余計な母音の音が入らないように注意します。なお、way は「ウェー」というよりは「ウェイ」です。

POINT

学校に到着した ALT の先生を職員室（または教室）へと案内するときのフレーズです。way は「方向、方角」。This way, please. で「こちらの方へお進みください」という意味になります。手のしぐさで誘導しながら言うと良いでしょう。

CONVERSATION

T : Please use this shoe box. And here are your slippers.
ALT : Thank you.
T : This way, please. The teacher's room is on the second floor.

T : この靴箱をお使いください。そして、こちらがスリッパです。
ALT : ありがとうございます。
T : では、こちらへどうぞ。職員室は2階です。

玄関で ALT の先生を出迎えている場面です。Please use 〜 . で靴箱（shoe box）を使うよう案内し、続けて Here are 〜 . とスリッパ（slippers）を差し出します。Here is [are] 〜 . は「〜をどうぞ」という意味で、何かを差し出したり、手渡したりするときに使う言葉です。ALT の先生が靴を入れてスリッパをはくと、先生は This way, please. と 2 階にある職員室へと案内します。「職員室」は teacher's room、「○○階にある」は be on the ○○ floor と言います。

LEVEL UP

①職員室での英語

❖ こちらが職員室です。
  This is the teacher's room.
❖ どうぞ座りください。Please have a seat.
❖ こちらが先生の机です。This is your desk.
❖ お飲み物はいかがですか？
  Would you like something to drink?
💡 Would you like 〜？「〜はいかがですか？」

②校内を案内するときの英語

ALT の先生が初めて自分の学校に来ている場合は、簡単に校内を案内するのも良いでしょう。
❖ 校内を案内しますね。
  I'll show you around the school.
💡 show 人 around「人をあちこち案内する」
❖ 5年生の教室は3階です。
  The fifth grade's classroom is on the third floor.
❖ 着替えたい場合は、こちらの部屋をお使いください。
  You can use this room to change your clothes.
💡 change one's clothes で「着替える」
❖ こちらがお手洗いです。This is the restroom.

073

3 授業前後のあいさつ

Track3-03

Here is today's lesson plan.
ヒア イズ トゥデイズ レスン プラーン

こちらが今日のレッスンプランです。

発音のコツ

lesson plan は母音のアクセントに注意しましょう。日本語では「レッスン・プラン」とそれぞれの文字を均等に発音しますが、英語では「**レ**スン・プ**ラー**ン」のようにメリハリをつけます。lesson の「レ」を強調し、「ッ」の跳ねる音は入れません。また plan は、母音 a を「プ**ラー**ン」と伸ばします。

POINT

ALT の先生にレッスンプランを見せるときのフレーズです。Here is 〜 . で「〜をどうぞ」「こちらが〜です」。「レッスンプラン」はそのまま lesson plan で OK です。ここから授業の中身についての話し合いが始まります。

CONVERSATION

T：Let's talk about today's lesson.
ALT：Great.
T：Today, we will teach the fourth grade.
　　Here is today's lesson plan.
ALT：Thank you.
T：Today's theme is "numbers".

T：今日のレッスンについて話し合いましょう。
ALT：良いですね。
T：今日は4年生を教えます。こちらが今日のレッスンプランです。
ALT：ありがとうございます。
T：今日のテーマは「数字」です。

ALT の先生と授業の打ち合わせをするには、Let's talk about today's lesson. と先生から切り出しましょう。CONVERSATION では、Great.（良いですね）と ALT の先生が応じると、そこから Here is 〜 . とレッスンプランを差し出し、授業のテーマを伝えます。

Today's theme is 〜 .「今日のテーマは〜です」は 1-7（p.20）でもやりましたね。便利なフレーズですので、しっかり押さえておきましょう。

LEVEL UP

① 授業内容をより詳細に説明する

CONVERSATION では、授業のテーマを伝えるときの表現を紹介しています。内容をもっと詳しく説明したい場合は、次のようなフレーズが使えます。

❖ テキストの何番目のレッスンか

Today, we will do Lesson 3 of "Hi Friends! 1".

今日は Hi Friends! 1 の Lesson 3 をやります。

💡 Lesson ○○ of "（テキスト名）"

❖ その単元（レッスン）の何時目か

Today is the second class of Lesson 3.

今日は Lesson 3 の第2時です。

💡「第1時」first class、「第2時」second class、「第3時」third class、「第4時」fourth class

❖ 授業の流れ

First, we'll sing "Seven Steps". Then we'll play "Janken Game". Finally, we'll do "How Many Quiz".

まずはじめに、"Seven Steps" を歌います。次に、「じゃんけんゲーム」をします。最後に、How many 〜? クイズをします。

💡 First → Then → Finally を一つの表現の型としてもつと便利です

Theme 3. 授業をスムーズに展開できる！ ALTとのコミュニケーション

4 授業前後のあいさつ

Track3-04

サンキュー　フォ　トゥデイズ　レスン
Thank you for today's lesson.

今日のレッスンをありがとうございました。

発音のコツ

forは「フォー」と伸ばすのではなく、思いっきり短く「フォ」と発音しましょう。そうすることで、あとに続くtoday's lessonがより強調され、英語らしいメリハリが出ます。for today's は「フォトゥ**デイ**ズ」という感じです。

POINT

授業の終了直後や、ALTの先生が帰るときに使える簡単なお礼のフレーズです。Thank youのあとにfor 〜を続けることで、何に対してお礼を言っているのかを表すことができます。Thank you for today's lesson. なら「今日のレッスンをありがとう」という意味です。

🎤 CONVERSATION

T : Thank you for today's lesson.
ALT : Thank you. The kids did a great job!
T : Yes, it was a fun lesson.
ALT : Well, see you again next week.

T : 今日のレッスンをありがとうございました。
ALT : こちらこそありがとうございました。
　　　子供たち、よくやっていましたね！
T : はい。楽しいレッスンでした。
ALT : では、また来週お会いしましょう。

授業を終えてALTの先生が帰る場面です。先生がThank you for 〜. の形で今日のレッスンのお礼を伝えると、ALTの先生はThank you.（こちらこそ）と返事し、The kids did a great job! と児童をほめます。do a great jobは「よくやる、じょうずにやる」。最後のsee you again 〜は「〜にまた会いましょう」という意味の決まった別れのあいさつです。次の日に会う場合は、see you again tomorrow となります。

❗ LEVEL UP

① Thank you for 〜. を使いこなす

forのあとの語句を入れ替えることで、ALTの先生に対して色々な場面で感謝を伝えることができます。

❖ Thank you for coming today.
本日は来ていただき、ありがとうございます。

❖ Thank you for your wonderful advice [idea].
素晴らしいアドバイス［アイディア］をありがとうございます。

❖ Thank you for leading the activity.
アクティビティーを仕切っていただき、ありがとうございます。

②言われて嬉しい感謝の言葉

Thank you. の一言では少し物足りない…そんなときは、次のフレーズも添えてみてください。

❖ You were a big help. とても助かりました。
❖ The kids loved you.
先生は子供たちに大人気でしたね。
❖ Thanks to you, the activity went really well.
先生のおかげで、アクティビティーがとてもうまくいきました。

💡 Thanks to 〜「〜のおかげで」、go well「うまくいく」。

075

5 授業中のとっさのひとこと

Track3-05

How do you say "*keshigomu*" in English?

ハーウ ドゥユー セイ ケシゴム イニングリッシュ

「消しゴム」は英語でどう言うのですか？

発音のコツ
日本語の単語の部分（上記では「消しゴム」）は、無理に英語風に発音するよりも、日本語の発音のまま「ケシゴム」と言った方が相手にとって理解しやすいでしょう。

POINT
ALTの先生が日本語を少し話せる場合は、日本語で単語を言って、その言い方を英語で教えてもらうことができますね。そのときは、How do you say ～ in English?（～は英語でどう言うのですか）のフレーズで尋ねましょう。how はここでは「どうやって」という意味。手段・方法を尋ねる疑問詞です。

🔊 CONVERSATION

〈授業中に児童の前で〉

T：Mr. Jones, how do you say "*keshigomu*" in English?
ALT：It's "eraser".
T："Eraser". Everybody, let's say it together. "Eraser".
C："Eraser".
T：ジョーンズ先生、「消しゴム」は英語でどう言うのですか？
ALT："eraser" ですよ。
T："Eraser"。皆さん、一緒に言いましょう。"Eraser"。

「消しゴム」の英語での言い方をALTの先生に尋ねている場面です。"It's eraser." と教えてもらうと、先生が復唱し、さらには Everybody, let's say it together. の呼びかけで全員に復唱させます。ALTの先生の発言を含めて、この短いやりとりの中で、児童は eraser という単語を3回耳にし、1回は自ら口に出していることになりますね。新しい単語は、こうして（なるべく自然な会話の流れの中で）繰り返し触れさせることで習得が進みます。

❗ LEVEL UP

① How do you ～？の応用

単語のつづりや発音を聞くときも How do you ～？の形が使えます。

つづり How do you spell "rhythm"?
"rhythm" はどうつづるのですか？

発音 How do you pronounce this word?
この単語はどう発音するのですか？
💡 pronounce は「プロ**ナ**ウンス」と発音

❗ How do you ～？を口癖に！

新しい英語の表現を効果的に身につけるには、受け身で教わるばかりではなく、自分から能動的に知識を吸収することが重要です。
そのためにも、「自ら質問する」ことを大事にしましょう。How do you ～？は、これ一つで英語での言い方や発音、つづりを知ることができるとても便利なフレーズです。ぜひ、使い倒してくださいね。普段から"児童代表"として、先生がALTの先生に質問する姿を児童に見せてあげることで、質問するときの言い回しや、新しい表現を知る楽しさなど、児童にとって貴重な学びとなるでしょう。

Theme 3. 授業をスムーズに展開できる！ ALTとのコミュニケーション

6 授業中のとっさのひとこと

Track3-06

What does "brave" mean?
（ワッダズ ブレイヴ ミーン）

"brave"とはどういう意味ですか？

発音のコツ

What doesの部分は「ワット・ダズ」と区切って読むのではなく、「**ワッダズ**」とつなげましょう。ポイントは、whatの語尾のt。英語では、似た音の子音が連続している場合は（what does）、2語を滑らかに発音できるように前の子音（t）を落とします。

POINT

単語の意味を知りたいときの定番フレーズは、What does ~ mean? です。meanは「~を意味する」。この例文では、"brave"という単語の意味を尋ねています。よくある間違いとして、疑問文のdoesを落として ×What means "brave"? と言ってしまう人が多いので気をつけましょう。

🎧 CONVERSATION

T : Mr. Jones, what does "brave" mean?
ALT : "Brave" means "yuukan".
T : I see. So Momotaro is brave.
ALT : That's right!

T : ジョーンズ先生、"brave"とはどういう意味ですか？
ALT : "brave"は「勇敢」という意味ですよ。
T : なるほど。では、桃太郎は brave なんですね。
ALT : その通り！

テキストに出てくる brave という言葉の意味がわからず、ALTの先生に尋ねています。日本語を少し話せるALTの先生は "yuukan"（勇敢）と答えると、先生は意味を理解し、So Momotaro is brave. と例文を言って理解を確かめます。

❗ワンポイント

上記では日本語で意味を説明していますが、英語で言うと、Brave means "to have courage". となります（courageは「勇気」）。英語で意味を言われた場合、その説明で使われている単語もわからない…ということも考えられますね。その場合は、英和辞書でさっと調べるなどすると良いでしょう。

❗ LEVEL UP

①細かいニュアンスを確かめる質問

新しい表現を学ぶとき、日本語訳に加えて、似た単語との使い分けや例文での使われ方なども確認すると、より深い理解が得られます。気になる表現があったら、次の質問を参考にALTの先生に質問してみましょう。

High-level

❖ 2つの表現の違いを尋ねる
What's the difference between "toilet" and "bathroom"?
"toilet" と "bathroom" の違いは何ですか？
💡 difference between A and B「AとBの違い」

❖ より一般的な表現がどちらかを尋ねる
Which is more common in America, "toilet" or "bathroom"?
"toilet" と "bathroom" とでは、どちらがアメリカではもっと一般的ですか？
💡 common「一般的な、よく使われる」

❖ 例文を言ってもらう
Can you give me an example sentence?
例文を言っていただけますか？
💡 example sentence →「例文」

7 授業中のとっさのひとこと

● Track3-07

ケン**ユー** プロ**ナ**ウンス ディス **ワー**ド
Can you pronounce this word?
この単語を発音してくれませんか？

発音のコツ

pronounce は「プロ**ナ**ウンス」のようにアクセントをつけましょう。また、word は語尾が wordo となってしまわないように注意しましょう。「ワー」と言ったあとに軽く [d] の音を添える感じで発音します。

POINT

単語の発音を聞きたいときのフレーズです。英単語は間違った発音で覚えてしまうと「話す力」「聞く力」ともに影響を及ぼしてしまいますので、読み方が不安な単語は、どんどん ALT の先生にお手本を示してもらいましょう。

🎤 CONVERSATION

T：("banana" の絵を指して) Ms. Smith, can you pronounce this word?
ALT："Banana".
T："Banana". Everybody, let's say it together. "Banana".
C："Banana".
T：スミス先生、この単語を発音していただけますか？
T："banana"。みなさん、一緒に言いましょう。"banana"。
C："banana"。

　ALT の先生に "banana" を発音してもらっている場面です。ALT の先生がお手本を示したあと、先生の Everybody, let's say it together. の声かけで全員が復唱します。正しい発音は「聞く」だけではなく、「自ら口に出す」ことで定着しますので、普段から授業では復唱を習慣にしましょう。

❗ LEVEL UP

①カタカナ英語の発音に注意

　普段慣れ親しんでいるカタカナ英語は、実際の英語の発音と大きく異なる場合があります。「正しい位置にアクセントをつけること」「子音に余計な母音を加えないこと」に注意して、次の単語の発音を練習しましょう。

❖ banana ×バナナ ○バ**ナー**ナ
💡 アクセントは baNAna

❖ apple ×アップル ○**アー**ポウ
💡 a をしっかり伸ばす

❖ salad ×サラダ ○**サー**ラッ（ド）
💡 salada としない

❖ milk ×ミルク ○**ミ**ルク
💡 i を強調。語尾は milku としない

❖ orange juice ×オレンジ・ジュース ○**オー**レンジジュース
💡 最初の o を強く長く発音して強調

❖ sport ×スポーツ ○ス**ポー**ト
💡 語尾の t を「ツ」(ts) としない。t は息だけの音（実際はほとんど聞こえない）。

❖ soccer ×サッカー ○**サー**カー
💡 o を強く長く。「ッ」の音は入れない。

Theme 3. 授業をスムーズに展開できる！ ALTとのコミュニケーション

8 授業中のとっさのひとこと

Track3-08

アイ**ドウ**ント　アンダス**ター**ンド
I don't understand.
わかりません。

発音のコツ

don't の o は「オウ」と発音します。ですので、don't は「ドント」というよりは、「**ドウ**ント」と読みます。understand は、後半の a にしっかりアクセントをつけて、「アンダス**ター**ンド」と発音しましょう。

POINT

understand は「理解する」という意味です。説明を聞いたけどよく理解できないときや、言葉・表現の意味が理解できないときなどには、I don't understand. と言います。

CONVERSATION

〈シルエットゲームの説明を終えて〉

ALT: Does everybody understand how to play the "Silhouette Quiz"?
T: （児童の代わりに先生が答えて）Ms. Smith, I don't understand.
ALT: OK. I'll explain the rules again.

ALT: みなさん、シルエットクイズのやり方はわかりましたか？
T: スミス先生、私、わかりません。
ALT: はい。では、もう一度ルールを説明しますね。

ALTの先生がシルエットゲームのやり方を説明したあと、Does everybody understand ～?（～がわかりますか）とルールの確認をしています。how to ～は「どうやって～やるか、～のやり方」、how to play the Silhouette Quiz で「シルエットクイズのやり方」。すると、まだ英語で質問できない児童の代わりに、先生が I don't understand.（わかりません）と答えてみせます。そこで、ALT の先生は I'll explain the rules again. と、もう一度ルールを説明することにします。

LEVEL UP

① 「何がわからないのか」を伝える

I don't understand のあとに目的語を続ければ、何が理解できていないのかを具体的に説明することができます。

【I don't understand ＿＿＿ .】

❖ the rules of the game　ゲームのルール
❖ what you said　あなたが言ったこと
❖ how to do the activity
　アクティビティーのやり方

② know と understand の違い

どちらも「わかる」と訳されることが多いですが、それぞれ表す意味が異なります。

know は「知っている、知識をもっている」という意味で、I know Kenta.（健太のこと知ってるよ）、I don't know her phone number.（彼女の電話番号を知らない）のように使います。

一方で、understand は「（知的に）理解する」という意味で、何かの説明や意味、物事の仕組みなどについてよく使います。I don't understand this sentence.（この文の意味がわからない）、I don't understand him.（彼のことが理解できない）のように使います。

9 授業中のとっさのひとこと

Track3-09

ケン**ユー** セイイッ ア**ゲン**
Can you say it again?
もう一度言ってください。

発音のコツ
say it again の部分は、「セイ・イット・アゲン」と各語を同じ調子で読むのではなく、「**セ**イイッ ア**ゲン**」とメリハリをつけましょう。it の語尾の t はほとんど発音せず、代わりに「間」を入れます。

POINT
ALT の先生が話した言葉が聞き取れず、もう一度言ってほしいときや、発音のお手本を繰り返し言ってほしいときなどに使えるフレーズです。again は「もう一度、再び」の意味です。

CONVERSATION

T : Mr. Jones, I couldn't hear the last word. Can you say it again?
ALT : OK. I'll say it slower this time. "I'd like an omelet".
T : Oh, "omelet"! Thank you.

　T : ジョーンズ先生、最後の単語が聞き取れませんでした。もう一度言っていただけますか？
　ALT : いいですよ。今度はもっとゆっくり言いますね。"I'd like an omelet."。
　T : ああ、omelet（オムレツ）ですね！ありがとうございます。

ALT の先生が "I'd like an omelet." と言ったところ、児童や先生がうまく聞き取れず、聞き返している場面です。I couldn't hear 〜. は「〜が聞こえなかった、聞き取れなかった」の意味。続いて、Can you 〜 again? ともう一度繰り返すようにお願いすると、ALT の先生は I'll say it slower this time. と言ってもっとゆっくり話します。そこでようやく、先生は聞き逃した単語が omelet（「オムレツ」ではなく「**アー**ムレット」と発音）であったことに気がつきます。

LEVEL UP

①色々な聞き返しのフレーズ
Can you say it again? 以外の聞き返しの表現を確認しましょう。場面によって使う表現が少し異なります。

❖うっかり聞き逃した場合
I'm sorry? / Excuse me? / Pardon (me)?

ワンポイント
日本人にとって最もなじみがあるであろう Pardon (me)? は、実はかなりかしこまった言い方です。日常会話では I'm sorry? や Excuse me? が一般的です。なお、発音はいずれも語尾を上げて発音しましょう。

❖よく聞き取れなかった場合
Can you say that again?
Can you say it more slowly?
💡「もっとゆっくり言っていただけますか」の意味

❖聞き取れているけど、言っている意味がよくわからない場合
Sorry, I don't understand.
💡「（あなたが言おうとしていることが）理解できません」の意味

Theme 3. 授業をスムーズに展開できる！ ALTとのコミュニケーション

10 授業中のとっさのひとこと

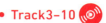
Track3-10

ケン**ユー** **カ**ム ヒア
Can you come here?

先生、こちらに来てください。

発音のコツ

come の語尾の m の音を、「カム」（comeu）と言わないように注意しましょう。m は「唇を閉じた状態」で出す音です（日本語の「ム」は最後に開きますね）。「カ」と言った直後に、貝のように口を閉じ合わせたまま「ム」と言うと、正しい come の発音に近づきます。

POINT

アクティビティーの最中にわからないことがあって、ALT の先生を呼び寄せたいときに使えるフレーズです。手を挙げながら言うと、伝わりやすいでしょう。

🔊 CONVERSATION

〈カードを書くアクティビティーの最中に〉
T：Mr. Jones, can you come here? Yuki has a question.
ALT：Sure.
T：Yuki is writing a birthday card. Is this English correct?
ALT：Yes, that's perfect!

T：ジョーンズ先生、こちらに来てくれますか？ユキが質問があります。
ALT：はい。
T：ユキはいま誕生日カードを書いています。この英語は正しいですか？
ALT：はい、それでばっちりですよ！

誕生日カードに書いた英語が正しいかを ALT の先生に確認している場面です。Can you come here? のフレーズで ALT の先生を呼び寄せ、英語で質問できないユキの代わりに Yuki has a question. と相談します。ユキが書いている誕生日カードについて Is this English correct? と英文が正しいかを確認すると、that's perfect と間違いがないことを教えてくれます。

❗LEVEL UP

①誰かを呼ぶときのフレーズ

Can you come here? のほか、次の言い方もできます。いずれも気軽に使える表現です。

❖ Mr. Jones, can we have your help?
　ジョーンズ先生、ちょっと手伝ってもらえませんか？

❖ Mr. Jones, can we ask you a question?
　ジョーンズ先生、ちょっと質問しても良いですか？

💡 Can we ～? は「～しても良いですか」。先生と児童の両方を指して、主語を we にしています。

② Is this ～ correct? の応用

会話例で登場する Is this English correct? は、児童の書いた英文が文法的に正しいかを尋ねる質問です。English の部分を置き換えることで、つづりや発音などについても確認できます。

❖ つづりが正しいか → Is this spelling correct?
❖ 発音が正しいか
→ Is this pronunciation correct?

💡 pronunciation（発音）は「プロ**ナン**シ**エイ**ション」と発音。3-7（p.78）で取り上げた pronounce（発音する）の名詞形です。

Step Up Check ― 基礎編 ―

STEP1 30秒チャレンジ！

ここまで取り上げた「授業前後のあいさつ」「授業中のとっさのひとこと」のフレーズをおさらいしましょう。ページ左側の日本語のセリフを見て、それに合う英語をパッと言えるか確認してみてください。使われている文型が様々ですので、はじめは難しく感じるかもしれません。じっくり取り組みましょう。10問を35秒以内で言えるようになったらクリアです。

目標タイム：35秒

STEP2 教室で使おう！

STEP1の練習で自信をつけたら、ここからが本番。Classroom Englishを実際の授業中に児童の前で使ってみることが大切です。下記の10フレーズの中からまずは2フレーズ、次は5フレーズ、などと目標を決めて、使えたらチェックボックスにチェックを入れていきましょう。

▶ STEP2

❶ 今日のレッスンをありがとうございました。　　Thank you for today's lesson. (p.75) ☑

❷ （説明や表現の意味が）わかりません。　　I don't understand. (p.79) ☑

❸ こちらに来てください。　　Can you come here? (p.81) ☑

❹ この単語を発音してくれませんか？　　Can you pronounce this word? (p.78) ☑

❺ おはようございます。　　Good morning. (p.72) ☑

❻ こちらが今日のレッスンプランです。　　Here is today's lesson plan. (p.74) ☑

❼ もう一度（それを）言ってください。　　Can you say it again? (p.80) ☑

❽ （案内して）こちらへどうぞ。　　This way, please. (p.73) ☑

❾ "brave" とはどういう意味ですか？　　What does "brave" mean? (p.77) ☑

❿ 「消しゴム」は英語でどう言うのですか？　　How do you say "*keshigomu*" in English? (p.76) ☑

▶ STEP1
35秒以内で言えた！ ☑

Theme 3. 授業をスムーズに展開できる！　ALTとのコミュニケーション

11
授業前後の具体的やりとり

Track3-11

ハヴ**ユー**　　エヴァ　　プ**レイ**ド
Have you ever played
ディス　　**ゲイ**ム
this game?

このゲームをやったことはありますか？

発音のコツ

Have YOU ever / PLAYED this GAME? と2つのカタマリを意識して発音しましょう。また、大文字の単語は高い音程にして、抑揚のメリハリをしっかりとつけます。

POINT

ALTの先生とのティーム・ティーチングを考えるにあたって、ALTの先生の過去の指導経験についてもっと知りたいと思ったことはありませんか。ゲームやアクティビティーの経験があるかを尋ねたいときは、Have you ever ～？（～したことはありますか？）のフレーズが便利です。

🗨 CONVERSATION

T：First, I'd like to do the "Pointing Game".
　　Have you ever played this game?
ALT：Yes. I know the rules.
T：Oh, good.

　T：まずはじめに、ポインティングゲームをやりたいと思っています。このゲームをやったことはありますか？
　ALT：はい。ルールを知っていますよ。
　T：ああ、良かったです。

　授業前の打ち合わせで、先生がALTの先生に授業の説明をしています。I'd like to ～ .（～したいのですが）の形で予定している活動（Pointing Game）を伝えたあと、Have you ever ～？で指導経験があるかを尋ねています。ALTはPointing Gameのルールを知っている（＝授業で協力できる）と返事をすると、先生がOh, good. と安心した様子を見せます。

❗ LEVEL UP

① Have you ever ～？の応用

　～の部分を入れ替えることで、色々なことについて「したことがあるか」（経験）を尋ねることができます。～には動詞の「過去分詞」を入れることに注意してください。

❖このアクティビティーはやったことありますか？ Have you ever done this activity?
💡「やる」は do。活用は do-did-done

❖この歌［チャンツ］は歌ったことありますか？ Have you ever sung this song [chant]?
💡「歌う」は sing。活用は sing-sang-sung

------

② ALTの先生の日本語力について尋ねる

　ALTの先生が日本語を理解できる（話せる）かどうかも、授業の運営に大きく関わりますね。Do you ～？の形で尋ねることができます。

❖ Do you understand a little Japanese?
💡日本語をいくらか聞いて理解できるか

❖ Do you speak a little Japanese?
💡日本語をいくらか話せるか

12 授業前後の具体的やりとり

Track3-12

応用

アイル エクスプレイン ザ ルールズ
I'll explain the rules.
ルールを説明しますね。

発音のコツ

explain the rules（ルールを説明する）は、exPLAIN the RULES のイメージで、しっかりメリハリをつけましょう。大文字の部分は特に強く、また母音を伸ばすようにして発音します。

POINT

授業で予定しているゲーム・アクティビティーを ALT の先生が知らない場合は、授業前に説明できると安心ですね。説明するのは簡単ではありませんが、概要を伝えるだけでも、授業での連携はだいぶスムーズになるはずです。まずは基本表現を押さえておきましょう。

🎧 CONVERSATION

T：<u>First</u>, we will do the "What's this?" chant.
　<u>Then</u>, we will do the "Black Box" quiz.
　<u>Have you ever</u> done the "Black Box" quiz?
ALT：The "Black Box" quiz? Sorry, no.
T：OK. <u>I'll explain the rules.</u>

　T：まずは、What's this? のチャンツをします。次に、ブラックボックスクイズをします。ブラックボックスクイズをやったことはありますか？
　ALT：ブラックボックスクイズですか？ごめんなさい、ありません。
　T：大丈夫です。では、ルールを説明しますね。

　First ～、Then ～. の形で、チャンツ→クイズという授業の流れを説明しています。ブラックボックスクイズはやった経験がないとの返事を受けて、I'll explain ～. とルールを説明することにします。

　CONVERSATION を見てもわかるように、場面ごとの重要表現さえ押さえれば、ALT の先生とも立派な会話を交わすことができます。右の LEVEL UP では、ゲーム・アクティビティーの説明で使う"最重要表現"をしっかり確認しましょう。

❗ LEVEL UP

①ルールの説明で必ず使う最重要表現

❖【グループ分け関連】
POINT make を使う！
<u>make a pair</u> ペアになる
<u>make a group of four or five</u>
4～5人のグループをつくる
<u>make a line [circle]</u> 列［円］になる

❖【絵カード関連】
POINT card と結びつく動詞を押さえよう！
<u>choose a card</u> ～を選ぶ <u>spread the cards</u> ～を広げる <u>grab the card</u> ～を取る <u>hide the card</u> ～を隠す <u>show the card</u> ～を見せる <u>turn over the card</u> ～を裏返す

❖【クイズ関連】
POINT ask と guess は重要！
<u>make a quiz</u> クイズをつくる
<u>give three hints</u> 3つのヒントを与える
<u>ask [guess] what it is</u> それが何か聞く［当てる］

❖【インタビュー・発表関連】
POINT each other、write ～ in...、present ～ to... など熟語に注意！
interview <u>each other</u> 互いに質問する
<u>write</u> the answers <u>in</u> their worksheet プリントに回答を書き込む
<u>present</u> it <u>to</u> the class クラスに発表する

Theme 3. 授業をスムーズに展開できる！ ALTとのコミュニケーション

13 授業前後の具体的やりとり

Track3-13

Could you please give a demonstration?

クジュー　プリーズ　ギヴァ　デモンストレイション

実演をしていただけますか？

gesture game

発音のコツ

前半の依頼表現 Could you please と、後半の依頼内容 give a demonstration の２つのカタマリに分けて発音しましょう →「クジュープリーズ」「ギヴァ デモンストレイション」。なお、Could you は通常くっつけて「クジュー」と発音します。

POINT

ALTの先生と授業の役割分担を話し合う際、「〜していただけますか」と何かをお願いしたいときは、Could you (please) 〜？と伝えましょう。Could you (please) のあとに、してほしいことを続けます。実演をしてほしいなら give a demonstration、歌ってほしいなら sing this song となります。

🎧 CONVERSATION

T：First, I'll explain the rules of the game in Japanese.
ALT：OK.
T：After that, could you please give a demonstration with me?
ALT：Sure!

T：まずはじめに、私が日本語でゲームのルールを説明をします。
ALT：わかりました。
T：そのあと、私と一緒に実演をしていただけませんか？
ALT：もちろんです！

授業前、先生とALTが役割分担を話し合っている場面です。First（まずはじめに）→ After that（そのあと）と順に展開を説明しているので、指示がわかりやすいですね。1文目にあるように、自分がすることは I'll 〜 . の形で伝えましょう。「ゲームのルールを説明する」は explain the rules of the game。一方で、相手にお願いするときは Could you (please) 〜？の形で伝えます。これは、Can you 〜？より丁寧な言い方です。

❗ LEVEL UP

① **Could you (please) 〜？の応用**

❖歌を歌ってほしい
→ Could you (please) sing this song?

❖アクティビティーを仕切ってほしい
→ Could you (please) lead this activity?

❖授業の終わりに一言ってほしい
→ Could you (please) give a few words at the end of class?

② **ALTの先生にお願いするときは命令文は避ける**

ALTの先生に何かをお願いをするとき、Sing this song, please. のように、"命令文 , please." の形で伝えていませんか？ 命令文は、日常会話で気軽なお願いとして使う場合もありますが、相手が応じてくれることを前提にした表現であるため、一方的な指示・命令に聞こえてしまう場合があります。児童に対するゲームの指示・説明では活躍する一方、ALTの先生への依頼では避けるのが無難でしょう。その点、今回の Could you (please) 〜？はどんな場面でも安心して使えるのでオススメです。相手に判断を委ねる「疑問文」の形でお願いするのがポイントです。

14 授業前後の具体的やりとり

Track3-14

May I have your advice?
（メイ **アイ** ハーヴ ヨア アド**ヴァイ**ス）

アドバイスをいただけますか？

発音のコツ

May I have（〜をいただけますか）を一つのカタマリとして捉えて、「メイ**アイ**ハーヴ」とつなげて発音しましょう。また advice は、カタカナの「アドバイス」とはアクセントの位置が異なります。「アド**ヴァイ**ス」のように、i を思いっきり強調しましょう。

POINT

用意した授業のプランについて、ALT の先生にアドバイスや意見をもらいたいときの丁寧な依頼表現です。May I have 〜? は「〜をいただけますか？」という意味で、〜の部分に自分がほしいものを続けます。相手の意見（opinion）を聞きたいときは、May I have your opinion? となります。

🔊 CONVERSATION

T : Ms. Smith, may I have your advice?
ALT : Of course.
T : I'd like to teach "months" from next week. Do you know any good activities?
ALT : Let me see. Yes, I know some.

T : スミス先生、アドバイスをいただけますか？
ALT : もちろん。
T : 来週から「月」を教えたいのですが、何か良いアクティビティーを知りませんか？
ALT : そうですね。はい、いくつか知っていますよ。

来月から始まる「月」をテーマにした授業について、先生が ALT の先生に活動のアイディアを尋ねている場面です。May I have your advice?（相談をもちかける）→ I'd like to teach "months" 〜 .（希望を伝える）→ Do you know any good activities?（具体的に質問する）と段階を踏んで展開している点を参考にしてみてください。

❗ LEVEL UP

① アドバイスを求める質問

左記で取り上げたものに加えて、次の質問も ALT の先生の考えや意見を引き出すのに便利です。下線部分は単語を入れ替えることができます。

High-level

❖ What do you think of this lesson plan?
　このレッスンプランをどう思いますか？
→ activity（活動）、song（歌）、picture book（絵本）
💡What do you think of 〜?「〜をどう思いますか？」

❖ Do you think this activity is too difficult?
　この活動は難しすぎると思いますか？
→ easy（やさしい）、long（長い）、short（短い）

❖ Which do you think is better, Activity A or Activity B?
　活動 A と活動 B、どちらが良いと思いますか？

❖ How can we make it better?
　どうすればもっと良くできるでしょうか？
💡make 〜 better「〜をもっと良くする」

15 授業前後の具体的やりとり

Theme 3. 授業をスムーズに展開できる！ ALTとのコミュニケーション

Track3-15

ワッディジュー スィンコゥ
What did you think of
トゥデイズ クラース
today's class?

今日の授業をどう思いましたか？

発音のコツ

what did you は「ワット・ディド・ユー」と一語ずつ読むのではなく、「**ワッディジュー**」とつなげてしまいましょう。続く think of も、「スィンク・オヴ」というよりは、「**スィンコゥ**」。こうして発音を少しずつ変化させることで、英文が滑らかに発音しやすくなります。

POINT

ALTの先生と授業の振り返りを行うときに使えるフレーズです。What did you think of 〜？は「〜をどう思いましたか」という意味で、相手の意見や感想を尋ねたいときの定番表現です。

🗨 CONVERSATION

T : Ms. Smith, do you have time for a meeting now?
ALT : Sure.
T : What did you think of today's class?
ALT : I think it went well. The kids loved the activity. But we ran out of time at the end.

T : スミス先生、今、ミーティングする時間はありますか？
ALT : もちろん。
T : 今日の授業をどう思いましたか？
ALT : うまくいったと思います。子供たちはアクティビティーをとても楽しんでいましたね。でも、最後は時間がなくなってしまいました。

まず、do you have time for 〜？の形で、先生が率先してもちかけます。そして、授業について What did you think of 〜？と先生が感想を尋ねると、I think it went well. と好感触であったことを ALT の先生が伝えます（go well は「うまくいく」）。しかし一方で、問題点として、最後に時間が足りなくなった点を指摘します。

❗ LEVEL UP

有意義な話し合いができるよう、自分の考えを伝える基本表現をいくつか押さえておきましょう。なじみのうすい表現もあると思いますので、少しずつ慣れていけば OK です。

High-level

【〜がうまくいった、いかなかった】
❖ The chant went well.
チャンツはうまくいきましたね。
❖ The game didn't go well.
ゲームはうまくいきませんでしたね。

【具体的な問題点の指摘】
❖ The game was too difficult.
ゲームが難しすぎましたね。
　💡 too 〜「〜すぎる」。「やさしすぎる」なら too easy
❖ We spent too much time on the first quiz.
最初のクイズに時間をかけ過ぎましたね。
　💡 spend time on 〜「〜に時間をかける」
❖ Some kids didn't understand the rules.
ルールを理解していない児童が何人かいました。

16 授業前後の具体的やりとり

Track3-16

ネクスターイム　レッツ スタート
Next time, let's start
ウィサ　チャーント
with a chant.

次回はチャンツで始めましょう。

発音のコツ

next time は、next の語尾の t を落として「ネクスターイム」のように発音しましょう。また let's start は、let'su starto と語尾に余計な母音を入れないように注意しましょう。let's や start はいずれも「息だけ」の音です。

POINT

授業の振り返りを踏まえて「次回は〜しましょう」と提案するときは、Next time, let's 〜 . の形が便利です。next time は「次回は」という意味です。

CONVERSATION

T：Next time, let's start with a chant.
ALT：Good idea. Also, maybe we should give a demonstration at the beginning of the activity. Some kids didn't understand the rules correctly today.
T：Good point.
T：次回はチャンツで始めましょう。
ALT：それが良いですね。また、アクティビティーのはじめに実演をした方が良いかもしれません。今日は、児童の何人かがルールを正しく理解していませんでした。
T：確かにそうですね。

次の授業に向けて、先生と ALT の先生が改善点を話し合っています。先生の「チャンツで始めよう」という提案に対して、ALT の先生は Good idea. と同意し、さらに maybe we should 〜（〜した方が良いかもしれません）と実演を行うことを提案します。その理由として、今日は児童の何人かがルールを正しく理解していなかったから、と言っています。その意見に対して、今度は先生が Good point.（一理ありますね、確かにそうですね）と同意します。

LEVEL UP

① Next time, let's 〜 . の応用

提案したい内容に合わせて、let's のあとのフレーズを入れ替えてみましょう。
Next time, let's ＿＿＿ .
❖ do this activity more quickly
　このアクティビティーをもっと速くやる
❖ make the quiz easier
　クイズをもっと簡単にする
❖ play the "Pointing Game" first
　はじめに「ポインティングゲーム」をやる

② 次回のミーティングを設定する

授業前後に打ち合わせの時間がない、または予定している打ち合わせの日程変更が必要になった場合は、次のフレーズを使ってスケジュールを調整しましょう。
❖ 今、ミーティングする時間はありますか？
　Do you have time for a meeting now?
❖ 〇〇時（△△曜日）にミーティングできますか？
　Can we have a meeting at 〇〇 (on △△)?
❖ 曜日変更［時間変更］をお願いしたいのですが。
　Can we change the day [time] of the meeting?

Theme 3. 授業をスムーズに展開できる！　ALTとのコミュニケーション

17 プライベートにまつわるやりとり

Track3-17

Where are you from?
ウェア　アーユー　フロム

出身はどちらですか？

発音のコツ
出身地が「どこ」なのかを尋ねたいので、文頭の where を強調します。また、続く are you from は、出身を表す from を強調しましょう。強調する where と from は、相手が聞き取りやすいように、高い音程ではっきりと発音しましょう。

POINT
ALTの先生と仲良くなる良い方法の一つとして、「相手のことを尋ねる」ということをオススメします。ALTの先生の枠を越えて、「個」としての相手に関心をもって質問することです。中でも「出身地」は、誰に対しても安心して聞ける定番の質問です。

💬 CONVERSATION

T：Mr. Jones, where are you from?
ALT：I'm from Chicago, Illinois.
T：Oh, Chicago.
ALT：Yes. It's called the "Windy City".
T：Oh, really? I didn't know that.

　T：ジョーンズ先生、ご出身はどちらですか。
　ALT：イリノイ州のシカゴです。
　T：へー、シカゴですか。
　ALT：はい。Windy City（風の強い街）と呼ばれているんですよ。
　T：そうなのですか？知りませんでした。

　ALTの先生の出身地について話している場面です。自分の出身地は I'm from 〜．（〜出身です）の形で言います。〜には州や街の名前を入れてもよいですし、I'm from Canada. のように国を入れて言うこともできます。会話例では、（米国の）イリノイ州のシカゴ出身であると述べ、続けてシカゴが「Windy City と呼ばれている」という説明を加えています。こうして自分の出身地について一言特徴を言えるようにしておくと、会話が発展するきっかけになりますね。

❗ LEVEL UP

出身地に加えて、次の質問も ALT の先生との会話で活躍します。
【日本に来たきっかけや滞在歴】
❖ When did you first come to Japan?
　日本に初めて来たのはいつですか？
❖ What brought you to Japan?
　どういうきっかけで日本に来たのですか？
💡「何があなたを日本に来させたのですか」が直訳
❖ How long have you lived in Japan?
　日本にはどのくらい長く住んでいるのですか？
【日本での生活について】
❖ Have you gotten used to life in Japan?
　日本での生活には慣れましたか？
💡 get used to 〜「〜に慣れる」
❖ Do you enjoy Japanese food?
　和食は好きですか？
❖ Where have you been in Japan?
　これまで日本のどこを訪れましたか？
【職歴について】
❖ What did you do before coming to Japan?
　日本に来る前は、どんなお仕事をされていたのですか？

18 プライベートにまつわるやりとり

Track3-18

ワッドゥユー　ライクトゥドゥー
What do you like to do
インヨア　フリーターイム
(in your free time)?

（暇なときは）何をするのが好きですか？

発音のコツ

長いフレーズは、①カタマリで読むこと、②メリハリをつけて読むこと、が特に大事。WHAT do you LIKE to DO（**ワ**ッドゥユー **ライ**クトゥ**ドゥー**）/ in your FREE TIME?（インヨア フ**リー**ターイム）のように発音してみましょう。

POINT

趣味を尋ねるときの決まったフレーズです。What's your hobby? を思い浮かべる人も多いと思いますが、ネイティブの会話では、こうして「（暇なときは）何をするのが好きですか」という言い回しが一般的です。

🎧 CONVERSATION

T：What do you like to do in your free time?
ALT：I enjoy outdoor activities. I often go cycling and camping. How about you?
T：I like to visit museums.

　T：暇なときは何をするのが好きですか？
　ALT：アウトドアの活動が好きです。よくサイクリングやキャンプをしに行きます。先生はどうですか？
　T：私は美術館を訪れるのが好きです。

先生と ALT の先生が互いの趣味について話している場面です。先生の What do you like to ～? の質問に対して、ALT の先生は I enjoy ～ .（～を楽しみます、～が好きです）の形で趣味を答え、続けて I often ～ .（よく～します）と普段からよくサイクリングやキャンプに行っていることを教えてくれます。こうして具体例を挙げると、わかりやすく伝わりますね。ALT の先生が自分のことを話し終えると、今度は How about you?（あなたはどうですか？）と先生に話を振ります。そこで、先生は I like to ～ .（～するのが好きです）の形で、美術館巡りが趣味であることを伝えます。

❗ LEVEL UP

〈色々な趣味を表す表現〉

趣味は I like to ～ . や I enjoy ～ing. の形で伝えることができます。以下の表現リストを参考に、自分の趣味を2～3つほど英語で言えるようにしておくと便利でしょう。

❖ watch movies 映画を見る
❖ read novels 小説を読む
❖ play the piano [guitar]
　ピアノ [ギター] を弾く
❖ go to karaoke カラオケに行く
❖ take pictures 写真を撮る
❖ take long walks のんびり散歩する
❖ do yoga ヨガをする
❖ go driving [swimming]
　ドライブ [泳ぎ] に行く
❖ make sweets お菓子を作る
❖ play *shogi* 将棋をさす
❖ host house parties
　ホームパーティーを開催する

💡 I enjoy のあとでは、動詞を～ ing の形にします。
例 I enjoy waching movies.

19 プライベートにまつわるやりとり

Track3-19

Did you have a nice weekend?
ディ ジュー ハーヴァ ナイス ウィーケンド

良い週末を過ごしましたか？

発音のコツ
Did you have は「ディジューハーヴ」とつなげて発音しましょう。また、weekend は「ウィーク・エンド」ではなく「ウィーケンド」と言います。

POINT
Did you have a nice 〜?（良い〜を過ごしましたか）は、週末明けの月曜日や、長期休暇明けに久しぶりに会ったときによく使われるフレーズです。通常の Good morning. や Hi. にこの一言を加えるだけで、ぐっと気持ちのこもった温かいあいさつになります。

💬 CONVERSATION

〈月曜日の朝に〉

T：Good morning, Ms. Smith.
ALT：Good morning, Mr. Tanaka.
T：Did you have a nice weekend?
ALT：Yes. It was actually my birthday. Some friends came to my house to celebrate.
T：Oh, that's nice! Happy birthday!

T：おはようございます、スミス先生。
ALT：おはようございます、田中先生。
T：良い週末を過ごされましたか？
ALT：はい。実は私の誕生日だったんです。友達が何人か家に来て祝ってくれました。
T：まぁ、それは良いですね！お誕生日おめでとうございます！

週末のお休み明けの月曜日、互いに Good morning. とあいさつを交わしたあとに、先生が Did you have a nice 〜? と週末のことを尋ねます。すると、ALT の先生は誕生日であったことを打ち明け、友人が数名家に祝いに来てくれたと説明します。

週末や休暇のことを聞かれたら、こうして「したこと」や「あったこと」を具体的に1〜2文述べるのが一般的です。

❗ LEVEL UP

①週末・休暇について尋ねるその他の表現

How was 〜? や Did you enjoy 〜? も休み明けのあいさつとしてよく使います。

❖ **How was** your weekend?
週末はどうでしたか？
— It was good. I stayed home and watched some movies.
よかったです。出かけずに家で映画を見ました。

❖ **Did you enjoy** your spring vacation?
春休みを楽しみましたか？
— Yes. I had a great time. I visited some friends in Osaka.
はい。とても楽しみました。大阪にいる友人を訪ねました。

②相手の返事にリアクションする

もし余裕があれば、相手の返事に対して、さらに英語で簡単な相づちを打ったり、追加の質問をしてみたりしましょう。

❖ I visited some friends in Osaka.
大阪にいる友人を訪ねました。
→ That's nice. それは良いですね。

❖ I watched some movies. 映画を見ました。
→ Oh, what movie?
そうですか、何の映画ですか？

20 プライベートにまつわるやりとり

Track3-20

マイ **フェイ**ヴォリット **レスト**ラーント イズ
My favorite restaurant is ~.

私の一番好きなレストランは"(レストラン名)"です。

発音のコツ

favorite は「**フェイ**ヴォリット」と発音します。語尾の t は「息だけ」の音ですので、実際はほとんど発音されません。restaurant も同様で、「**レスト**ラーン」と言ったあとに軽く [t] の音を添える感じで発音します。

POINT

My favorite ○○ is …（私の一番好きな○○は…です）は、自分のお気に入りやオススメを伝えるときに便利なフレーズです。favorite は「一番好きな」という意味。授業外で ALT の先生とこうした個人的な好み・趣味について話せるようになると、会話が一層楽しくなりますね。

🔊 CONVERSATION

〈食事の話題になって〉

ALT：Is there a place to eat near the station?
T：Yes. There are many. My favorite restaurant is Stella. It's an Italian restaurant.
ALT：Oh, I love Italian. I'll try going!

　ALT：駅の周りにご飯を食べるところはありますか？
　T：はい。たくさんありますよ。私の一番好きなレストランはステラです。イタリアンレストランです。
　ALT：わぁ、イタリアンは大好きです。行ってみますね！

　　ALT の先生に駅周辺で食事できる場所があるかを聞かれ、先生がお気に入りのレストランを紹介しています。1文目の Is there ~? は「~はありますか」、place to eat は「食べる場所」（＝レストラン）という意味です。There is many.「お店はたくさんありますよ」と教えたあとで、先生は自身の個人的なお気に入りとして Stella を提案します。イタリアンのお店だと知った ALT の先生は大喜びし、I'll try going! と行くことにします。

❗ LEVEL UP

① **My favorite ○○ is... の応用**

　restaurant を入れ替えることで、色々なことについて自分のお気に入りを提案することができます。

❖映画を提案
→ My favorite movie is "Before Sunrise".
❖旅行先を提案→ My favorite spot is Koya-san.
❖料理を提案
→ My favorite dish is the anchovy pasta.

② **その他の提案の表現**

　My favorite ○○ is... 以外に、次の表現も会話でよく使われます。

❖I think you'll like Nezu Museum.
　根津美術館はきっと気に入ると思います。
❖You should go to Nikko.
　日光は行くべきですよ。
❖I recommend their Matcha Tea Latte.
　そこの抹茶ラテはオススメですよ。
💡 recommend「推薦する」

　こうしてオススメを提案してもらえるのは、誰にとっても楽しく、また嬉しいものですよね。ぜひ ALT の先生とのコミュニケーションの中でも、ご自身のオススメを気軽に伝えてあげてくださいね。

Step Up Check ― 応用編 ―

STEP1 30秒チャレンジ！

応用編で取り上げた「授業前後の具体的やりとり」や「プライベートにまつわるやりとり」のフレーズをおさらいしましょう。ページ左側の日本語のセリフを見て、それに合う英語をパッと言えるか確認してみてください。これらの表現をマスターすることでコミュニケーションの幅がさらに広がり、英語力の上達を一層深く実感できることでしょう。10問を35秒以内で言えるようになったらクリアです。

🕐 目標タイム：35秒

STEP2 教室で使おう！

STEP1の練習で自信をつけたら、ここからが本番。Classroom Englishを実際の授業中に児童の前で使ってみることが大切です。下記の10フレーズの中からまずは2フレーズ、次は5フレーズ、などと目標を決めて、使えたらチェックボックスにチェックを入れていきましょう。

▶ STEP2

❶ 今日の授業をどう思いましたか？　　What did you think of today's class? (p.87) ☑

❷ 次回はチャンツで始めましょう。　　Next time, let's start with a chant. (p.88) ☑

❸ アドバイスをいただけますか？　　May I have your advice? (p.86) ☑

❹ 実演をしていただけますか？　　Could you (please) give a demonstration? (p.85) ☑

❺ このゲームをやったことありますか？　　Have you ever played this game? (p.83) ☑

❻ ルールを説明しますね。　　I'll explain the rules. (p.84) ☑

❼ 暇なときは何をするのが好きですか？　　What do you like to do in your free time? (p.90) ☑

❽ 私の一番好きなレストランはStellaです。　　My favorite restaurant is Stella. (p.92) ☑

❾ 出身はどちらですか？　　Where are you from? (p.89) ☑

❿ 良い週末を過ごしましたか？　　Did you have a nice weekend? (p.91) ☑

▶ STEP1
35秒以内で言えた！ ☑

索 引

文型から見る Classroom English

命令文で指示する・うながす

Please stand up.
立ってください。　　　　　　　　　　　　　　　1-8　　**p.021**

Look.
見てください。　　　　　　　　　　　　　　　　1-11　　**p.024**

Listen.
聞いてください。　　　　　　　　　　　　　　　1-12　　**p.025**

Open your textbook.
教科書を開いてください。　　　　　　　　　　　1-13　　**p.026**

Raise your hand.
手を挙げてください。　　　　　　　　　　　　　1-14　　**p.027**

Repeat after the CD.
CDのあとに繰り返してください。　　　　　　　 1-16　　**p.029**

Clean up, please.
片づけてください。　　　　　　　　　　　　　　1-18　　**p.031**

Make groups.
グループをつくってください。　　　　　　　　　1-20　　**p.034**

Talk about it with your partner.
パートナーと話し合ってください。　　　　　　　1-21　　**p.035**

094

Change roles.
役を交代してください。　　　　　　　　　　　1-28　　p.042

Choose one.
一つ選んでください。　　　　　　　　　　　　1-29　　p.043

Sit up straight.
姿勢を正しなさい。　　　　　　　　　　　　　2-9　　　p.056

Everybody, look at this group.
みなさん、このグループを見てみましょう。　　2-13　　p.061

Don't start yet.
まだ始めないでください。　　　　　　　　　　2-10　　p.057

Let's 〜. で授業を展開する・提案する

Let's play a game.
ゲームをしましょう。　　　　　　　　　　　　1-9　　　p.022

Let's wrap up.
（授業を）まとめましょう。　　　　　　　　　1-19　　p.032

Let's present it to the class.
クラスに発表しましょう。　　　　　　　　　　1-22　　p.036

Let's try it together.
一緒にやってみよう。　　　　　　　　　　　　2-18　　p.066

095

Next time, let's start with a chant.
次回はチャンツで始めましょう。　　　　　　　　　　　3-16　　p.088

Good 〜！でほめる・あいさつする

Good!
じょうず！　　　　　　　　　　　　　　　　　　　　2-1　　p.048

Good job.
よくできました。　　　　　　　　　　　　　　　　　2-2　　p.049

Good morning.
おはようございます。　　　　　　　　　　　　　　　3-1　　p.072

How 〜？で「どう？どうやって？」と尋ねる

Hello, everyone. How are you?
こんにちは、みなさん。調子はどうですか？　　　　　1-1　　p.014

How's the weather today?
今日の天気はどうですか？　　　　　　　　　　　　　1-4　　p.017

How many points?
何点とれましたか？　　　　　　　　　　　　　　　　1-26　　p.040

How do you say "*keshigomu*" in English?
「消しゴム」は英語でどう言うのですか？　　　　　　3-5　　p.076

What 〜？で「何？どう？」と尋ねる

What day is it today?
今日は何曜日ですか？　　　　　　　　　　　　　　　1-5　　p.018

What's the matter?
何が問題なのですか？（→どうしたのですか？）　　　　2-7　　p.054

What do you say?
何と言うのですか？　　　　2-20　　p.068

What does "brave" mean?
"brave" とはどういう意味ですか？　　　　3-6　　p.077

What did you think of today's class?
今日の授業をどう思いましたか？　　　　3-15　　p.087

What do you like to do (in your free time)?
（暇なときは）何をするのが好きですか？　　　　3-18　　p.090

Who 〜？で「誰？」と尋ねる

Who's the leader today?
今日の日直は誰ですか？　　　　1-6　　p.019

Who knows the answer?
誰が答えをわかりますか？（→答えがわかる人？）　　　　1-24　　p.038

Where 〜？で「どこ？」と尋ねる

Where are you from?
出身はどちらですか？　　　　3-17　　p.089

Are [Do] you 〜？などで相手のことを尋ねる

Are you hungry?
お腹は空いていますか？　　　　1-3　　p.016

097

Do you remember yesterday's chant?
昨日のチャンツを覚えていますか？　　　　　　　　　　　　1-25　p.039

Have you ever played this game?
このゲームをやったことはありますか？　　　　　　　　　　3-11　p.083

Did you have a nice weekend?
良い週末を過ごしましたか？　　　　　　　　　　　　　　　3-19　p.091

Any 〜 ? で質問・協力者などを募る

Any questions?
何か質問はありますか？　　　　　　　　　　　　　　　　　1-15　p.028

Any thoughts?
何か考えはありますか？　　　　　　　　　　　　　　　　　1-23　p.037

Any volunteers?
誰かやってくれる人はいますか？　　　　　　　　　　　　　1-27　p.041

Here is 〜 . で物を差し出す

Here's today's handout.
こちらが今日のプリントです。　　　　　　　　　　　　　　1-10　p.023

Here is today's lesson plan.
こちらが今日のレッスンプランです。　　　　　　　　　　　3-3　p.074

A is B. で「A は B です」と説明する

Today's theme is numbers.
今日のテーマは数字です。　　　　　　　　　　　　　　　　1-7　p.020

My favorite restaurant is 〜.
私の一番好きなレストランは"（レストラン名）"です。　　　3-20　　p.092

That's 〜 . でリアクションする・終了を知らせる

That's all for today.
今日はここまでです。　　　1-2　　p.015

That's correct!
正解です！　　　2-3　　p.050

1〜2語でうながす・案内する

Time's up.
時間です。　　　1-17　　p.030

Close!
惜しい！　　　2-5　　p.052

Quiet.
静かに。　　　2-8　　p.055

A little louder.
もう少し大きな声で言ってごらん。　　　2-17　　p.065

This way, please.
こちらへどうぞ。　　　3-2　　p.073

You 〜 . でほめる・励ます

You can do it!
やればできるよ！　　　2-6　　p.053

099

You're getting good.
上手になったね。 2-11 p.059

Wow, you noticed!
よく気がついたね！ 2-14 p.062

You sang very nicely today!
今日はとても上手に歌っていたよ！ 2-15 p.063

I〜 . で自分の考えを伝える

I like that you listen to other people.
あなたは他の人の話をよく聞くところが好きだよ（＝素晴らしいよ）。 2-16 p.064

I'm sad.
先生は（私は）悲しいです。 2-19 p.067

I don't understand.
わかりません。 3-8 p.079

I'll explain the rules.
ルールを説明しますね。 3-12 p.084

Thank you for 〜 . でお礼を言う

Thank you for helping.
手伝ってくれてありがとう。 2-4 p.051

Thank you for today's lesson.
今日のレッスンをありがとうございました。 3-4 p.075

Can [Could] you 〜 ? でお願いする

Can you show the class?
クラスに（お手本を）見せてくれますか？　　　　　　　2-12　　p.060

Can you pronounce this word?
この単語を発音してくれませんか？　　　　　　　　　　3-7　　p.078

Can you say it again?
もう一度言ってください。　　　　　　　　　　　　　　3-9　　p.030

Can you come here?
先生、こちらに来てください。　　　　　　　　　　　　3-10　　p.081

Could you please give a demonstration?
実演をしていただけますか？　　　　　　　　　　　　　3-13　　p.085

Can [May] I 〜 ? で許可を求める

Can I join?
先生も（私も）参加して良いですか？　　　　　　　　　1-30　　p.044

May I have your advice?
アドバイスをいただけますか？　　　　　　　　　　　　3-14　　p.086

101

Production team

Author　山田　暢彦　Yamada Nobuhiko

バイリンガル英語講師、ベストセラー著者、中学英語指導の第一人者。米国ニュージャージー州出身、慶應義塾大学（SFC）卒業。著作は30冊以上、累計60万部以上。ネイティブの英語を肌感覚で操ると同時に、基礎的な学校英語（＝中学英語）にも精通。そのわかりやすくて実践的な指導は、教育界・出版界など各方面から高い評価を得ている。監修した『中学英語をひとつひとつわかりやすく。』（学研）参考書シリーズは記録的なベストセラーとして全国の学校・教室で使用されているほか、『絵で見てパッと言う英会話トレーニング』（学研）など、大ヒットの英会話本も多数執筆。現在、NOBU English Academy 主宰、BBT 大学専任講師、トライイット中学英語講師。複数の出版社で英和・和英辞典の執筆委員も兼任。受講者のレベルに合わせて、日本語・英語どちらでも自在に講義ができ、また力強い発声とネイティブ（北米）の発音を生かした英語ナレーションも大好評。指導者としての実体験と言語習得理論を織り交ぜた体系的な指導メソッドを考案、一人でも多くの人が自信をもって英語を話せるようになることをライフワークとする。TOEIC 連続満点、国連英検特A級、英検1級。趣味はギターの弾き語り。2児のパパ。

Editional Support

尾川　光男	Ogawa Mitsuo	東京都目黒区立緑ヶ丘小学校校長
高草木智之	Takakusagi Tomoyuki	東京都足立区立皿沼小学校教諭
中嶋美那子	Nakajima Minako	東京都目黒区立田道小学校主幹教諭
茂木千恵子	Mogi Chieko	群馬県前橋市立桃井小学校教諭

※50音順、所属は平成29年3月1日現在

Video Editor

森屋　聖司　Moriya Seiji

その「ひとこと」が言いたかった！
小学校の先生のための Classroom English

発行日　2017（平成29）年4月28日　初版第1刷発行
　　　　2018（平成30）年3月20日　初版第2刷発行

Author	山田暢彦
Publisher	錦織圭之介
Publication	株式会社東洋館出版社

〒113-0021　東京都文京区本駒込5丁目16番7号
営業部　TEL：03-3823-9206
　　　　FAX：03-3823-9208
編集部　TEL：03-3823-9207
　　　　FAX：03-3823-9209
振　替　00180-7-96823
ＵＲＬ　http://www.toyokan.co.jp

Book Designer　國枝達也
Layout Designer　竹内宏和（藤原印刷株式会社）
Illust　オセロ
DTP/Printing　藤原印刷株式会社
ISBN978-4-491-03344-0　Printed in Japan

※本書に付属のDVDは、図書館及びそれに準ずる施設において館外に貸出することはできません。

JCOPY　＜(社)出版者著作権管理機構　委託出版物＞
本書の無断複写は著作権法上での例外を除き禁じられています。複写される場合は，そのつど事前に，(社)出版者著作権管理機構（電話 03-3513-6969，FAX 03-3513-6979，e-mail：info@jcopy.or.jp）の許諾を得てください。